NAPOLEON HILL
e JUDITH WILLIAMSON

PÍLULAS DO SUCESSO

Título original: *The Cycle of Thought*

Pílulas do sucesso
1ª edição: Dezembro 2022

Autores:
Napoleon Hill
Judith Williamson

Tradução:
Edmilson Ribeiro

Preparação de texto:
Flavia Araujo

Revisão:
Amanda Moura

Projeto gráfico, diagramação e capa:
Jéssica Wendy

DADOS INTERNACIONAIS DE CATALOGAÇÃO NA PUBLICAÇÃO (CIP)

Hill, Napoleon
Pílulas do sucesso : como equilibrar seus pensamentos e transformar sua mente de negativa para positiva / Napoleon Hill, Judith Williamson ; tradução de Edmilson Ribeiro. — Porto Alegre : Citadel, 2022.
384 p.

ISBN 978-65-5047-202-3
Título original: The Cycle of Thought

1. Autoajuda 2. Sucesso 3. Desenvolvimento pessoal I. Título II. Williamson, Judith III. Ribeiro, Edmilson

22-6588 CDD - 158.1

Angélica Ilacqua - Bibliotecária - CRB-8/7057

Produção editorial e distribuição:

contato@citadel.com.br
www.citadeleditora.com.br

NAPOLEON HILL
e JUDITH WILLIAMSON

Como equilibrar seus pensamentos e transformar sua mente de negativa para **positiva**

Tradução:
Edmilson Ribeiro

2022

Introdução

O Ciclo de Pensamento de Napoleon Hill

UM LIVRO PARA INSPIRAR SEU EU POSITIVO.

Este livro de cabeça para baixo replica o ciclo do pensamento.

O pensamento positivo não "acontece" simplesmente; pelo contrário, muitas vezes ele ocorre em conjunto com o crescimento do pensamento negativo. Se não tiver sofrido uma perda, talvez uma pessoa não seja capaz de apreciar um ganho nas finanças, nos relacionamentos e no emprego, entre muitas outras circunstâncias na vida. A fim de se concentrar no bem, o mal precisa ser reconhecido. Esse equilíbrio cíclico demonstra o fluxo e o refluxo do Universo constantemente em movimento, tanto a favor quanto contra si mesmo.

A replicação existe em toda a natureza, bem como na vida de cada um. Há uma declaração que diz: "O que nós pensamos, nós causamos". Este livro de cabeça para baixo irá ajudá-lo a ter uma visão oposta de muitas situações e servirá como uma forma de contrabalancear o pensamento negativo que pode confrontá-lo todos os dias.

À medida que você esmiuçar este livro, lembre-se de que, em última análise, é você quem cria o seu resultado. Ele ser uma bênção ou uma maldição depende do sistema de hábitos inconscientes que você cria. Esses hábitos programados conduzem sua vida; admita você ou não. Ser totalmente positivo ou totalmente negativo não é uma abordagem realista da vida. Uma pessoa deve ver o "ruim" a fim de ver o "bom". Um não pode existir sem o outro. O Dr. J. B. Hill, neto do Dr. Napoleon Hill, afirma:

> É claro que temos que fazer mais do que pensar positivamente. Fazer o contrário é seguir cegamente ao

longo de algum percurso escolhido. Por exemplo, o pensamento negativo nos permite fornecer um quadro de problemas que precisam ser resolvidos e antecipar novos problemas. Imagine um general que force o ataque sem se preocupar com o perigo para seus flancos ou para a logística. Quais são as suas chances de ser bem-sucedido? A compreensão de nós mesmos também deve incluir a compreensão de nossas fraquezas. O nosso pensamento deve ser multivariado.

Quando uma pessoa passa a entender como o processo de pensamento funciona, ela pode então começar a trabalhar nos hábitos que produzem os resultados desejados na vida. Se você quer o resultado perfeito, precisa instalar os programas de software – ou hábitos – que o levarão a uma vida bem vivida.

Seja o melhor de si sempre,

Judith Williamson,

Diretora do Napoleon Hill World Learning Center,
Purdue University Calumet

Direções

Este livro pode ser lido de duas maneiras: na posição normal ou de cabeça para baixo. Enquanto lê, imagine que você tem um "anjo mau" sentado em seu ombro esquerdo e um "anjo bom" sentado em seu ombro direito. O anjo mau talvez o aconselhe a se comportar de um jeito, e o anjo bom de outro. Vamos deixar que o primeiro represente um pensamento negativo, e o segundo, um pensamento positivo. De acordo com a filosofia do Dr. Hill e reconhecendo que a mudança não ocorre da noite para o dia, mas é uma progressão constante de pequenas ações consistentes e diárias, você pode começar a traçar um curso de melhoria para si mesmo ao identificar os dois desfechos.

Primeiro você deve saber onde está, para então criar um roteiro até um novo destino. Da mesma forma, passar de um pensamento negativo para um positivo requer que você saiba qual é qual. Este livro irá ajudá-lo a identificar pensamentos não construtivos, ou mesmo prejudiciais, e, em seguida, a se mover na direção dos pensamentos mais positivos.

Leia diariamente os pensamentos e deixe-os penetrarem em sua mente. Talvez você decida lê-los de manhã, ao meio-dia e à noite. À medida que você discernir a abordagem negativa ao tema, o pensamento positivo oposto lhe dará uma rota alternativa. Talvez você queira escrever um breve diário sobre o tema também. Isso lhe dará uma visão das abordagens negativas e positivas. Às vezes, uma pessoa só reconhece que está presa quando começa a perceber que a paisagem não está mudando ao seu redor. Para se desprender, é preciso primeiro admitir que nenhum movimento tem ocorrido.

Use este livro como um estímulo para a mudança. Uma ou duas revelações simples podem mudar sua vida inteira. Ao ler e examinar os pensamentos negativos e positivos, você pode localizar um lugar dentro de si mesmo que lhe permita avançar em direção a uma versão melhorada da vida que você vive.

Seja sempre o melhor de si,

Judith Williamson,

Diretora do Napoleon Hill World Learning Center,
Purdue University Calumet

Você deve saber que eu controlo 98%
das pessoas do seu mundo.

No mundo, 98% das pessoas estão
se alienando pela vida, sem nenhum plano ou
propósito. Esta é a principal causa de fracasso.

Eu sou composto de energia negativa, e vivo na mente das pessoas que me temem.

Mantenha sua mente nas coisas que você quer e não nas coisas que você não quer.

Eu também ocupo metade de cada
átomo de matéria física e cada unidade
de energia mental e física.

Sucesso atrai sucesso e fracasso
atrai fracasso por causa da
lei da atração harmônica.

Talvez você entenda melhor
a minha natureza se eu disser que
sou a parte negativa do átomo.

Não despreze pequenos detalhes. Lembre-se de
que o universo – e tudo nele – é feito de átomos,
as menores partículas conhecidas da matéria.

A outra metade está ocupada pelo meu adversário. O adversário é o que vocês, seres humanos, chamam de Deus.

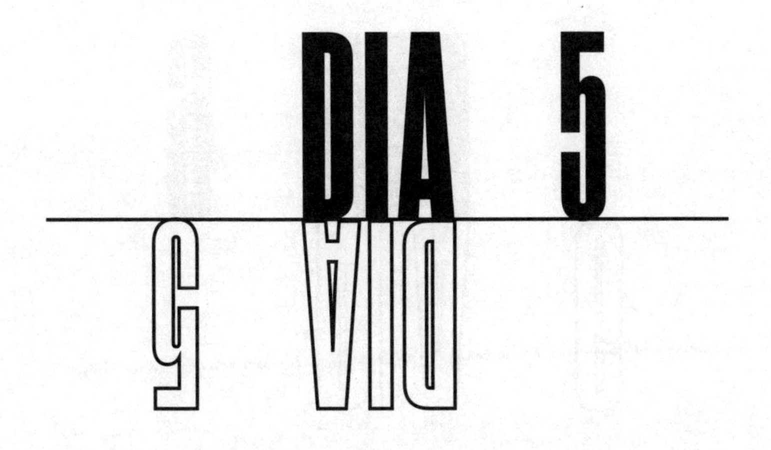

A regularidade do mundo das leis naturais evidencia que elas estão sob o controle de um plano universal.

A minha função é representar o lado negativo de tudo, inclusive dos pensamentos de vocês, seres humanos.

O subconsciente tem uma característica muito peculiar. Ele acredita em tudo o que todos lhe dizem, e age de acordo com isso. Ele acredita e age com base nas palavras que você fala, e acredita e age com base nos seus pensamentos. Use o seu subconsciente para servi-lo em tudo o que você faz.

O meu adversário controla
o pensamento positivo. Eu controlo
o pensamento negativo.

O homem é a única criatura viva com o poder de escolha, por meio do qual ele pode estabelecer os seus próprios padrões de pensamento e de comportamento. Você tem o poder de abandonar maus hábitos e de criar bons hábitos para substituí-los – conforme sua vontade.

Eu semeio o pensamento negativo na mente das pessoas para que eu possa ocupar e controlar o espaço!

Tomar posse de seu caráter positivo irá colocá-lo no raio do sucesso, para que você possa galgar triunfantemente em direção às mais altas conquistas que desejar.

Eu planto as sementes do medo na mente das pessoas, e à medida que essas sementes germinam e crescem, controlo o espaço que elas ocupam ao utilizá-las.

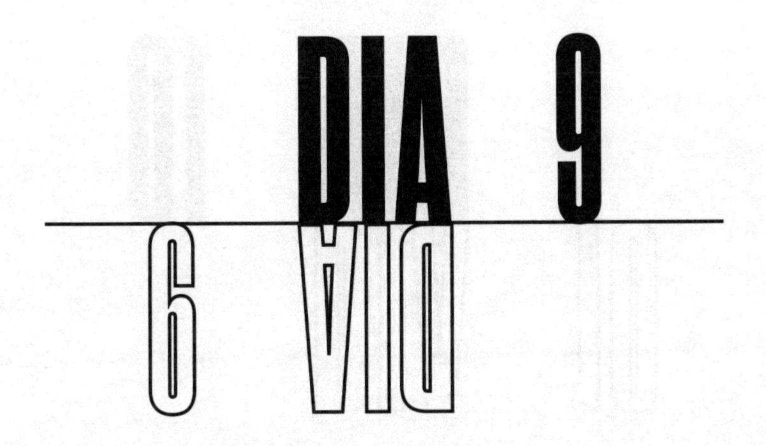

Você é o mestre do seu destino. Você pode influenciar, dirigir e controlar o seu próprio ambiente. Você pode fazer da sua vida o que quiser que ela seja.

Os seis medos mais efetivos são: o medo da pobreza, da crítica, da falta de saúde, da perda de amor, da velhice e da morte.

Algumas pessoas nunca estão livres de problemas, principalmente porque elas mantêm a mente focada em preocupações. A mente atrai aquilo em que se concentra.

O primeiro e o último dos seis medos
– pobreza e morte – geralmente
são os mais úteis para mim.

Feche a porta do medo atrás de você,
e veja quão rapidamente a porta para
o sucesso se abrirá à sua frente.

Eu planto esses medos na mente das pessoas
tão habilmente que elas acreditam que
eles foram criados por elas mesmas.

DIA 12

DIA 12

A preocupação é um estado de espírito baseado no medo. Ela funciona lenta, mas persistentemente. É insidiosa e sutil. Passo a passo, ela "escava e adentra" até que paralisa a capacidade de raciocínio da pessoa, sua autoconfiança e iniciativa. A preocupação é uma forma de medo contínuo causada pela indecisão – portanto, é um estado de espírito que pode ser controlado.

Eu atinjo esse objetivo fazendo as pessoas acreditarem que estou logo depois do portão de entrada da próxima vida, esperando para condená-las após a morte à punição eterna.

Mate o hábito de se preocupar, em todas as suas formas, tomando uma decisão firme de que nada na vida vale o preço da preocupação. Com essa decisão virão o equilíbrio, a paz de espírito e a serenidade de pensamento – que irão trazer felicidade.

É claro que não posso punir ninguém, exceto na própria mente da pessoa, por meio de alguma forma de medo – mas o medo de algo que não existe é tão útil para mim quanto o medo daquilo que existe.

A fé é um estado de espírito que você só pode alcançar limpando sua mente de pensamentos negativos e condicionando-a a receber pensamentos positivos.

Todas as formas de medo
aumentam o espaço que ocupo
na mente humana.

Só você pode se manter abatido! Você, e apenas você, tem controle total de sua mente. Essa é uma verdade básica da vida. Portanto, você é o único que pode impor limitações a si mesmo.

Eu obtive o controle há mais
de um milhão de anos, quando o primeiro
homem começou a pensar.

Não existem realidades
como boa ou má sorte. Tudo tem uma
causa que produz um efeito.

Até então eu tinha controle sobre toda a humanidade, mas os meus inimigos descobriram o poder do pensamento positivo, colocaram-no na mente dos homens, e então começou a minha batalha para permanecer no comando.

Tome posse de sua mente, e logo você poderá fazer a vida valer a pena em seus próprios termos.

Até agora, eu me saí muito bem sozinho, tendo perdido apenas 2% das pessoas para o meu adversário.

Seja o que for que possua – material, mental ou espiritual – você deve usar ou irá perder.

O meu lugar de moradia favorito,
como eu já disse, é a mente
dos seres humanos.

Se você está infeliz com o seu mundo e quer mudá-lo, comece com você mesmo. Se você estiver bem, o seu mundo estará bem. É disso que se trata a Atitude Mental Positiva. Quando você vive com ela, os problemas do seu mundo tendem a se curvar diante de você.

Eu controlo uma parte do cérebro
de cada ser humano.

Lamente por causa de seus infortúnios e, dessa
forma, multiplique-os; ou mantenha-se
calmo e faça-os definhar.

A quantidade de espaço que ocupo
na mente de cada indivíduo depende do quão pouco
ele pensa, e de que tipo de pensamento ele tem.

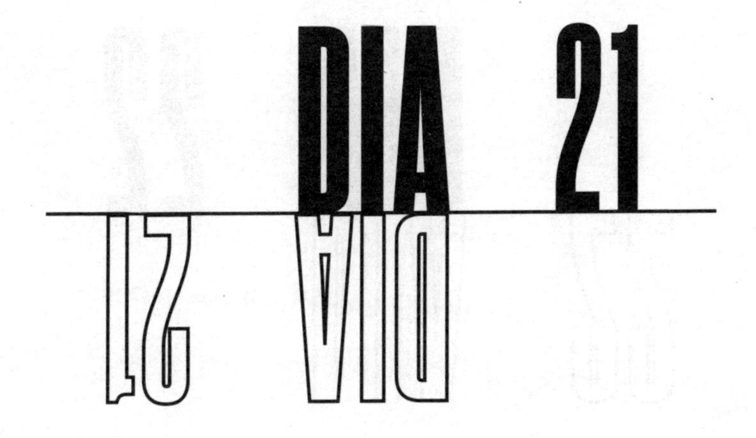

Em vez de se preocupar com as coisas ruins
que podem acontecer com você, passe
alguns minutos, todos os dias, enumerando
os eventos agradáveis que irão acontecer.

O meu oponente controla todas
as forças positivas do mundo, como
amor, fé, esperança e otimismo.

A sua atitude mental dá à sua personalidade um
poder magnético que atrai as circunstâncias,
coisas e pessoas sobre as quais você mais pensa.

No universo inteiro, o meu oponente também controla os fatores positivos de toda a lei natural, as forças que mantêm a Terra, os planetas e todas as estrelas em equilíbrio nos seus cursos; mas essas forças são brandas em comparação com aquelas que operam na mente humana sob meu controle.

DIA 23

DIA 23

Todo o poder físico e mental é alcançado através da concentração de energia, que, por sua vez, é alcançada apenas por meio da autodisciplina. Se você puder aprender a controlar seus pensamentos, será capaz de controlar seus atos. Isso é autodisciplina.

Veja, eu não procuro controlar estrelas e planetas.
Prefiro o controle da mente humana.

Somente com uma mente aberta você será capaz de entender totalmente o impacto da primeira regra da Ciência do Sucesso: tudo o que a mente pode conceber e acreditar, ela pode alcançar.

Eu aumento o meu poder apropriando-me do poder mental dos seres humanos, à medida que eles atravessam o portão na hora da morte.

O sucesso é o conhecimento com o qual se pode obter tudo o que é necessário, sem violar os direitos de seus semelhantes ou comprometer sua própria consciência.

98 de cada 100 que voltam ao meu plano,
a partir da dimensão terrestre, são levados por mim,
e o poder mental deles é acrescentado ao meu ser.

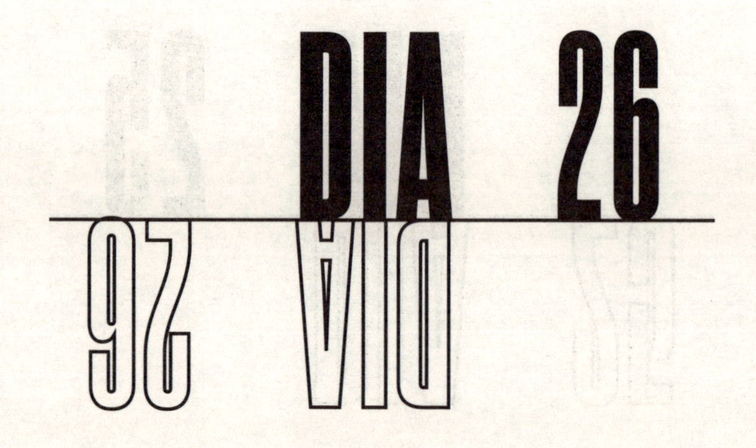

Se hesitar ou retroceder enquanto estiver
sob fogo, você não será um lutador – será um
desertor. E o próprio diabo odeia a pessoa
com uma espinha dorsal de borracha, porque
ela cheira mal quando queimada.

Eu recebo todos que vêm com qualquer forma de medo.

Mantenha seus pensamentos focados e positivos! A sua mente age como um eletroímã para atrair as coisas em que você mantém o foco. Você tem o poder (e o direito) de controlar os seus hábitos de pensamento, usando, assim, esse poder em seu favor.

Eu estou constantemente trabalhando, preparando a mente das pessoas antes da morte, para que eu possa me apropriar delas quando voltarem para o meu lado.

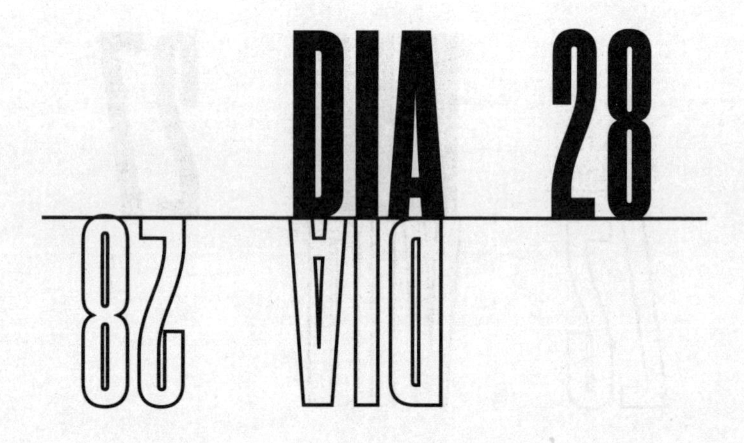

Tome posse de sua mente e a preocupação terá de encontrar uma outra pensão.

Tenho inúmeras maneiras de obter o controle das mentes humanas enquanto elas ainda estão no plano terrestre.

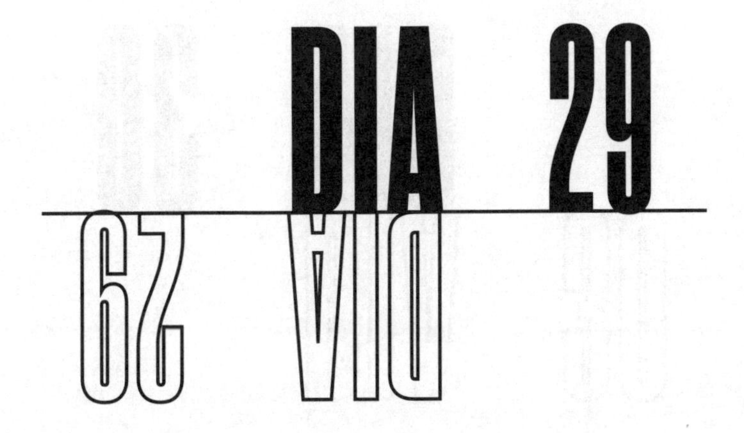

É impossível apagar os erros do passado, mas você pode reconhecê-los e aprender com eles. Você pode decidir mudar o efeito que eles têm sobre a sua maneira de pensar e agir. "A vida conduz você ou você conduz a vida." Decida hoje aprender com seu passado, e não deixar seu passado conduzi-lo.

A pobreza é a minha melhor arma.

Você também pode trilhar rumo ao sucesso aprendendo a descobrir e construir sobre a semente de um benefício equivalente a cada um de seus contratempos.

Eu deliberadamente desencorajo as pessoas a acumularem riqueza material, porque a pobreza desmotiva os homens a pensar e os torna presas fáceis para mim.

As pessoas que estão determinadas a alcançar o sucesso começam onde quer que estejam, fazem o melhor uso de quaisquer ferramentas que possuem e adquirem tudo que precisam ao longo do caminho. Comece hoje! Não importa onde você estiver.

A minha próxima aliada
é a saúde frágil. Um corpo debilitado
desencoraja o pensamento.

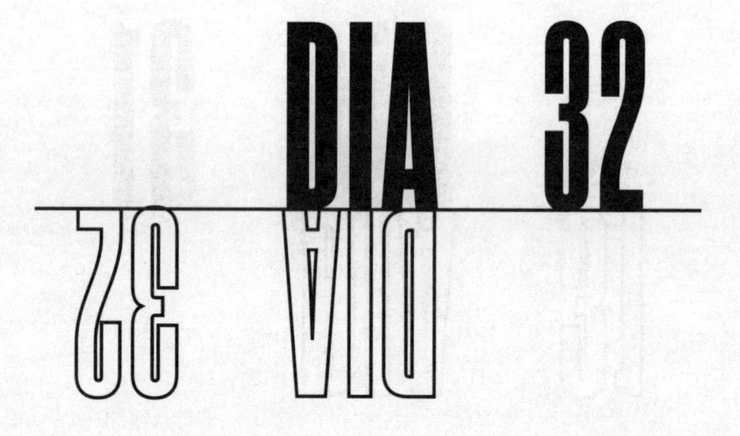

A mente só cresce através do uso. Ela
atrofia em meio à ociosidade.

Todos que inspiram as pessoas
a pensar e agir por iniciativa
própria são meus inimigos.

Se pudesse escolher um desejo
para ser concedido a mim, eu
pediria mais sabedoria.

A pobreza é sempre minha aliada, porque desencoraja a independência do pensamento e estimula o medo na mente dos homens.

As suas únicas limitações são aquelas que você estabelece em sua própria mente.

Alguns homens ricos servem ao meu propósito, enquanto outros me causam grandes danos, dependendo de como a riqueza é usada.

Se você tem algo que não precisa, dê a alguém que precise. O retorno virá de uma forma ou de outra.

Qualquer hábito que enfraqueça a força de vontade de alguém é um convite para que um bando de outros hábitos se mude para aquela mente e tome posse dela.

Primeiro você passa a possuir um hábito, e depois ele possui você.

Não peço a ninguém que acredite em mim. Prefiro que as pessoas me temam. Eu não sou mendigo! Tomo o que eu quero por meio de astúcia e força. Implorar para que as pessoas acreditem é o que o meu adversário faz, não eu.

Você não é capaz de comandar nada até que se torne o senhor do seu próprio ego.

Eu consigo o que quero exercitando o autocontrole. Embora não atenda muito aos meus interesses, sugiro que você me imite em vez de me criticar.

Você tem que ser corajoso e sábio o suficiente para desejar da vida mais do que acha que mereça. Um fato perceptível é que as pessoas tendem a se superar para atender demandas que são colocadas sobre elas.

Eu tenho tantos dispositivos para entrar na mente humana e controlá-la que é difícil dizer quais são os mais poderosos. No momento, estou tentando causar outra guerra mundial.

Os homens assimilam a natureza, os hábitos e o poder do pensamento daqueles com quem simpatizam e convivem em harmonia.

Se eu puder fazer com que o mundo mate de forma indiscriminada, serei capaz de colocar em operação meu dispositivo favorito para o controle da mente. É o que vocês chamam de medo em massa.

DIA 40

DIA 40

A esperança é a matéria-prima com a qual você constrói o sucesso. Ela se cristaliza em fé, a fé em determinação, e a determinação em ação.

Eu não poderia controlar 98% das pessoas do mundo se todas elas fossem capazes de pensar por si mesmas.

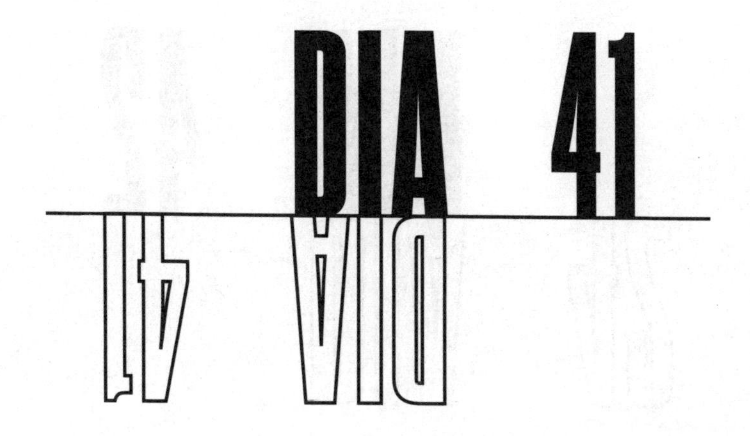

O poder é o conhecimento organizado expresso por meio de esforços inteligentes.

Por milhões de anos, eu tenho
dominado as criaturas por meio
do medo e da ignorância.

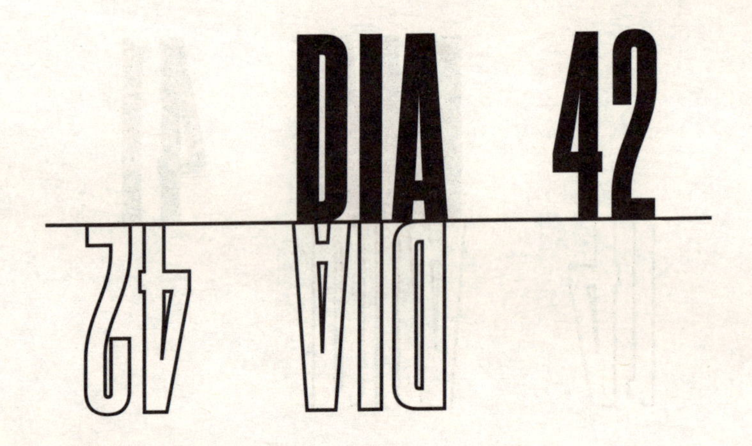

Problemas são apenas oportunidades
em roupas de trabalho.

Falarei primeiro do princípio do hábito, por meio do qual eu silenciosamente entro na mente das pessoas.

Nada simplesmente acontece. Você tem que fazer com que as coisas aconteçam, incluindo o sucesso individual. O sucesso é o resultado direto de uma ação firme, cuidadosamente planejada e persistentemente executada pela pessoa que condiciona sua mente para ele e acredita que irá alcançá-lo.

Ao operar através desse princípio, eu estabeleci o hábito de (eu gostaria de poder evitar esta expressão) alienar.

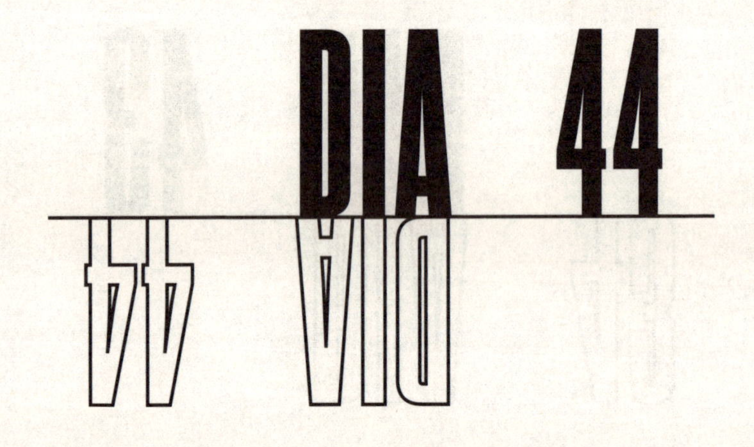

Não há como você ficar parado. Você terá de se mover para cima em direção ao sucesso – ou para baixo em direção ao fracasso. A escolha é só sua.

Quando uma pessoa começa a se alienar, em qualquer questão, ela está indo direto para os portões do que vocês, humanos, chamam de inferno.

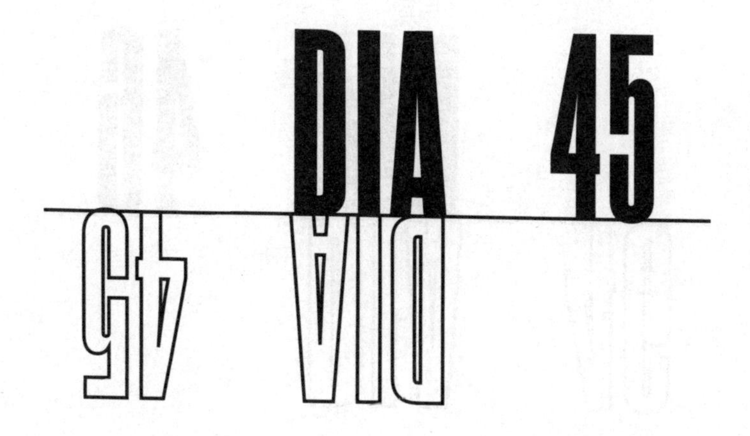

A iniciativa pessoal é o poder interior que dá início a toda ação. É o dínamo que estimula a capacidade de sua imaginação a agir e inspira você a terminar o que começou. Iniciativa pessoal é automotivação.

Eu posso definir melhor a palavra “alienar” dizendo que as pessoas que pensam por si mesmas nunca se alienam, enquanto aquelas que pouco ou nunca pensam por si mesmas são pessoas alienadas.

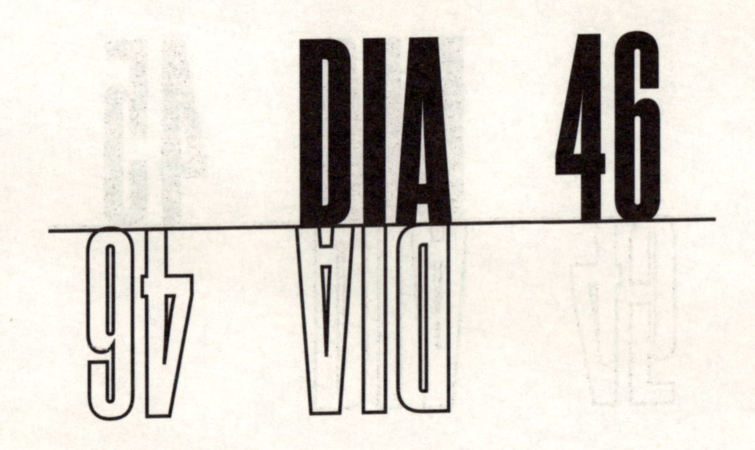

Tudo o que você é
ou se tornará é resultado do uso
que você faz da sua mente.

Um alienado é alguém que se permite ser
influenciado e controlado por circunstâncias
fora de sua própria mente.

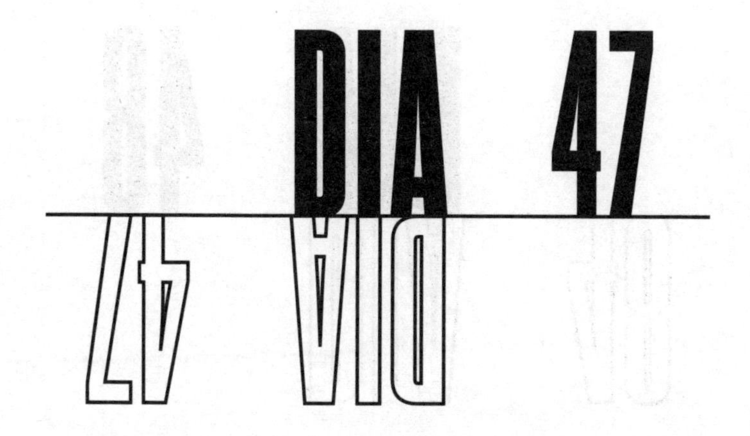

Aquilo que você pensa hoje se torna
o que você será amanhã.

Um alienado é alguém que aceita o que a vida lança em seu caminho, sem reagir. Ele não sabe o que quer da vida, e gasta todo o seu tempo aceitando o que a vida lhe dá.

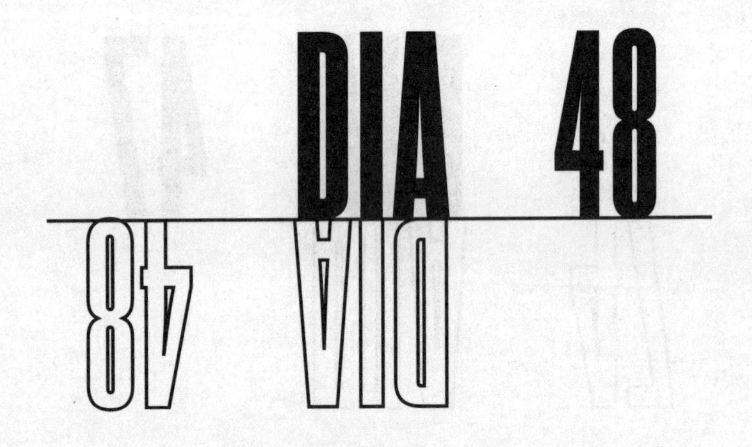

Conhecimento não é poder.
É o poder potencial que se torna real por meio do uso.

Um alienado tem muitas opiniões, mas que não são dele. A maioria é fornecida por mim.

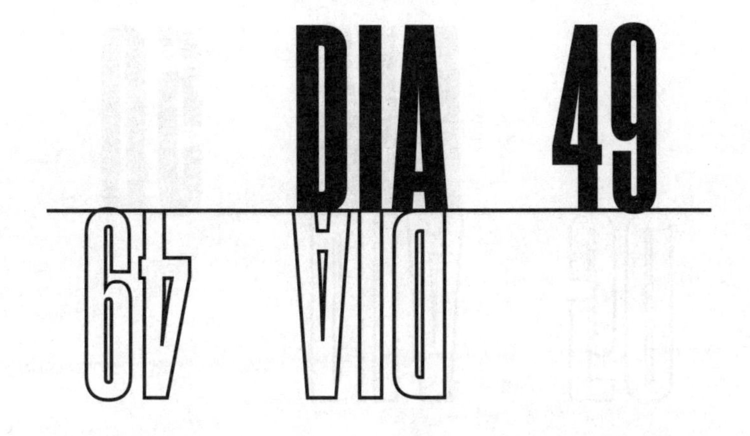

Você nunca será livre até aprender a construir seu próprio pensamento e adquirir a coragem de agir por iniciativa própria.

Um alienado é um alguém muito preguiçoso mentalmente para usar seu próprio cérebro. Esta é a razão pela qual eu posso assumir o controle do pensamento das pessoas e plantar em suas mentes as minhas próprias ideias.

O seu sucesso ou o seu fracasso estão em sua própria mente!

Às vezes eu estabeleço as bases para exercer o meu controle sobre uma mente antes que seu dono nasça, manipulando a mente dos pais dessa pessoa.

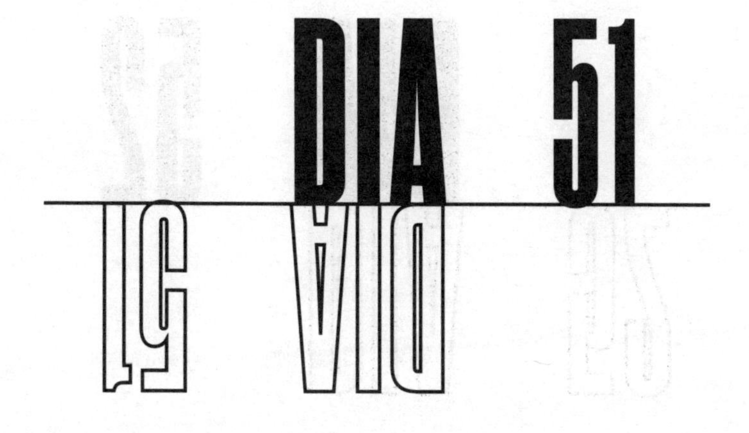

Muitos pais dificultam a vida de seus filhos ao tentar, com excesso de zelo, facilitar as coisas para eles.

Às vezes eu retrocedo mais ainda e preparo as pessoas para o meu controle por meio do que vocês chamam de "hereditariedade".

Cultivar pensamentos bons, positivos e alegres irá melhorar a maneira como você se sente. O que afeta sua mente também afeta seu corpo.

Eu ajudo a trazer pessoas com cérebros fracos para seu mundo ao atribuir a elas, antes do nascimento, o máximo possível das fraquezas de seus antepassados. Vocês chamam esse princípio de “hereditariedade”.

Seja grato pelas adversidades que cruzam o seu caminho, pois elas te ensinam tolerância, compaixão, autocontrole, perseverança e algumas outras virtudes que você talvez nunca conheceria.

Após as pessoas nascerem, eu faço uso do que vocês chamam de "ambiente" como um meio de controlá-las. É aí que entra o princípio do hábito.

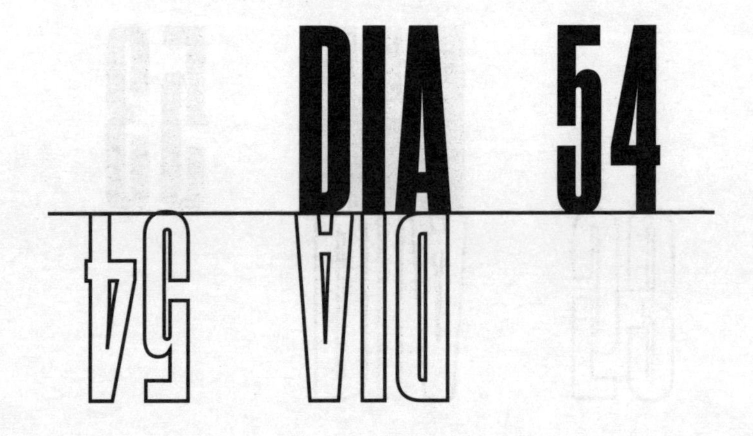

Você está onde está por causa de seus hábitos de pensamento!

A mente nada mais é do que a
soma total de seus hábitos.

Para ser bem-sucedido, você deve dedicar
um tempo para o estudo, para o raciocínio
e para o planejamento – diariamente.

Eu entro na mente das pessoas por meio dos pensamentos que elas acreditam ser delas. Os mais úteis para mim são o medo, a superstição, a avareza, a ganância, a luxúria, a vingança, a raiva, a vaidade e a preguiça.

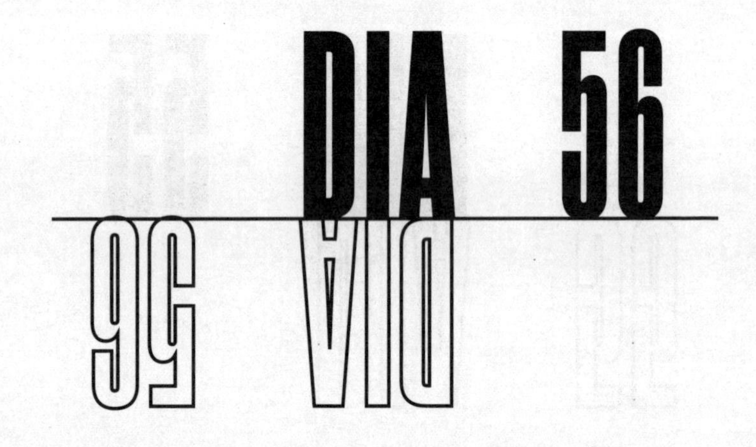

A consciência fala,
não em palavras audíveis, mas através
de um sussurro que vem de dentro.

Eu os induzo a se alienarem
em seus estudos, sem saber que
ocupação desejam seguir na vida.

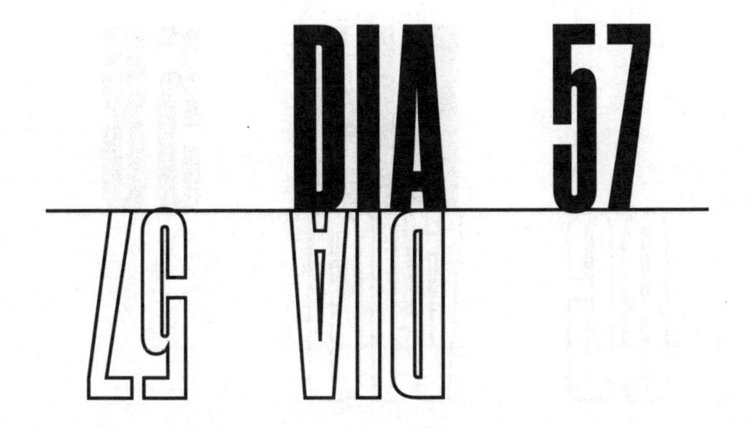

Todos os seus sucesso
s e fracassos são o resultado de
hábitos que você adquiriu.

Os hábitos estão conectados entre si.
Aliene-se em uma direção e logo você
se alienará em todos os sentidos.

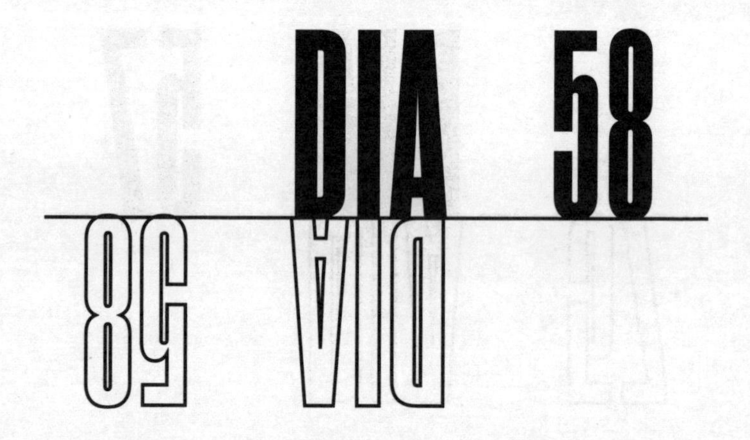

Algumas pessoas aprenderam
a usar os ventos da adversidade para
navegar no navio da vida.

Eu me aposso das pessoas durante sua juventude, antes que elas se apoderem de suas próprias mentes. Para isso, utilizo aqueles que são responsáveis por elas.

O pensamento, seja preciso ou impreciso, é o poder funcional mais organizado de sua mente. Você nada mais é do que a soma total de seus pensamentos dominantes ou mais proeminentes.

Uma vez que capturo a mente de uma criança através do medo, eu enfraqueço a sua capacidade de raciocinar e pensar por si mesma, e essa fraqueza segue com ela por toda a vida.

O infortúnio tem o hábito de aparecer onde é esperado.

O poder está comigo. Eu uso todas as fraquezas humanas conhecidas para obter e manter o controle da mente humana.

Lembre-se de que suas limitações mentais são criadas por você mesmo.

Faço com que as crianças se tornem alienadas ao seguirem o exemplo de seus pais, sobre a maioria dos quais já assumi o controle e sujeitei eternamente à minha causa.

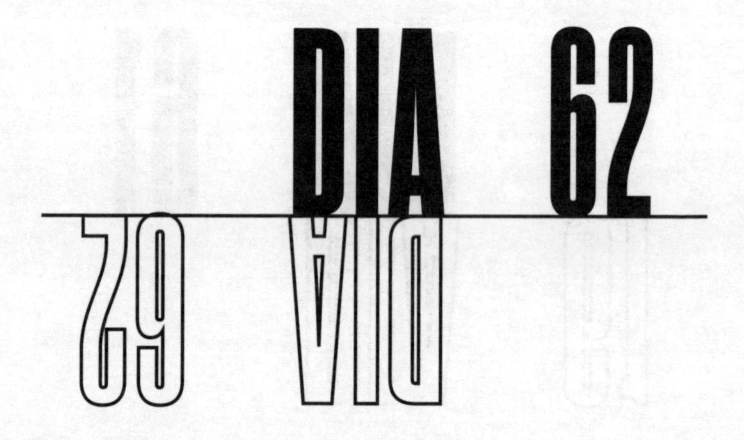

Antes que qualquer coisa possa sair de uma mente, algo deve ser colocado ali. Pessoas bem-sucedidas nunca param de adquirir conhecimento especializado com relação ao seu principal propósito.

Em algumas partes do mundo, eu obtenho domínio sobre a mente das crianças e subjugo a força de vontade delas exatamente da mesma maneira que os homens dominam e subjugam animais de menor inteligência.

O seu progresso na vida começa em sua própria mente e termina no mesmo lugar.

Não faz diferença para mim como a vontade de uma criança é subjugada, desde que ela tenha medo de algo.

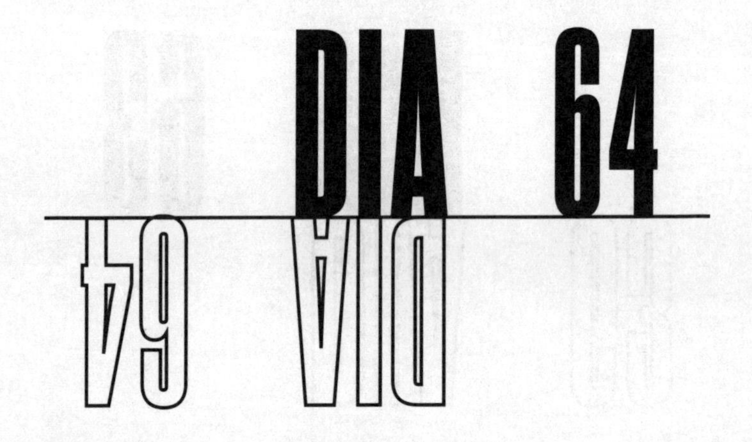

Nunca subestime o poder repelente de uma Atitude Mental Negativa. Ela pode fazer com que a sorte na vida deixe de beneficiá-lo. Uma Atitude Mental Positiva atrai boa sorte.

Entrarei na mente da criança por meio desse medo e limitarei seu poder de pensar de forma independente.

Elogie os seus filhos ao invés de censurá-los, porque faz parte da natureza humana que as pessoas façam jus à reputação que lhes é dada pelos outros.

O pensamento preciso é a morte para mim.

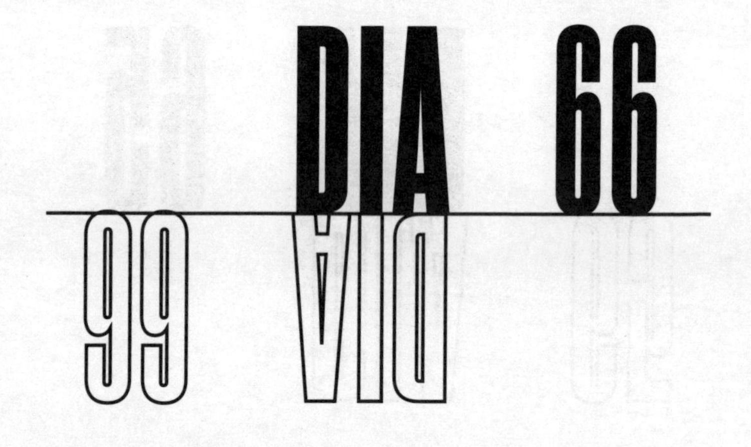

O pensamento preciso envolve dois fundamentos: primeiro, você deve separar fatos de mera informação; segundo, você deve separar os fatos em duas classes – a dos importantes e a dos irrelevantes. Só fazendo isso você pode pensar de forma clara e precisa.

Não sou capaz de existir na mente daqueles que pensam com precisão. Eu não me importo com o que as pessoas pensam, desde que pensem em termos de medo, desânimo, desesperança e destrutividade.

O pensamento preciso depende de dois fundamentos: Raciocínio Indutivo, com base em presunção de fatos desconhecidos ou hipóteses, quando os fatos não estão disponíveis; e Raciocínio Dedutivo, com base em fatos conhecidos ou no que se acredita serem os fatos.

Quando as pessoas começam a pensar em termos construtivos de fé, coragem, esperança e firmeza de propósito, imediatamente se tornam aliadas do meu adversário, e, portanto, estão perdidas para mim.

A sua mente subconsciente muitas vezes resolve os seus maiores problemas quando sua mente consciente está adormecida. Certifique-se de sempre „alimentar" seus pensamentos positivos subconscientes!

Eu temo que um dia alguma pessoa corajosa reverta o atual sistema educacional e desfira um golpe mortal em minha causa, permitindo que os alunos se tornem instrutores, usando aqueles que agora servem como professores apenas como guias para ajudar as crianças a estabelecer caminhos e meios de desenvolver sua própria mente a partir de seu interior.

Um bom professor é sempre um bom estudante.

As crianças na escola não são ensinadas a desenvolver e usar a própria mente, mas a adotar e usar os pensamentos de outros.

Quando os seis departamentos da mente (Ego, Emoção, Razão, Imaginação, Consciência e Memória) forem guiados e coordenados pela autodisciplina, você será capaz de negociar seu caminho ao longo da vida com um mínimo de oposição por parte de outros.

Faço com que as pessoas se alienem em todos os assuntos, e, assim, eu posso controlar pensamentos e ações independentes.

A maior de todas as riquezas é simplesmente o bom senso.

Quanto ao tema da saúde, por exemplo. Eu faço com que a maioria das pessoas coma em excesso e de modo errado.

Você é uma mente com um corpo! Uma vez que o seu cérebro controla o seu corpo, saiba que a boa saúde física é dependente de uma Atitude Mental Positiva.

Eu faço com que homens e mulheres se alienem no casamento, sem plano ou propósito traçado para harmonizar a relação.

Os sonhos não nascem da indiferença da preguiça ou da falta de ambição. O sonhador deve partir de um desejo intenso de ser e de fazer, para que então seus sonhos se tornem uma realidade.

Eu ensino as pessoas a se tornarem alienadas ao fazer com que elas saiam da escola para o primeiro emprego que encontram, sem objetivo ou propósito, senão o de obter o sustento.

Decida que tipo de pessoa você quer ser, e desenvolva traços positivos imitando outras pessoas que você admira. Substitua maus hábitos por bons, e concentre sua mente em pensamentos positivos.

Faço com que as pessoas gastem livremente
e economizem pouco ou nada, até que
eu assuma o controle completo da vida
delas por meio do medo da pobreza.

Para controlar a si mesmo, você deve primeiro
controlar os seus hábitos; caso contrário,
eles rapidamente irão controlar você.

Faço com que as pessoas se alienem em ambientes pouco harmônicos e desagradáveis nas suas casas, no serviço, nos relacionamentos com seus parentes e conhecidos; e faço com que elas permaneçam ali até que eu as reivindique por meio do hábito de se alienar.

Um navio sem leme e uma pessoa sem propósito acabam encalhados na areia do deserto.

Eu faço com que as pessoas se alienem no hábito dos pensamentos negativos.

Eu me sinto saudável! Eu me sinto feliz! Eu me sinto ótimo! Comprometa-se a começar cada dia com uma afirmação positiva sobre si mesmo, sua vida e seu trabalho.

Eu planto as sementes do pensamento negativo na mente das pessoas por meio do púlpito, dos jornais, das imagens, do rádio, e de todos os outros métodos populares de apelo à mente.

O seu cérebro é tanto um emissor como um receptor de vibrações de pensamento, tanto positivas quanto negativas.

Eu faço com que as pessoas me permitam pensar por elas, porque elas são preguiçosas e indiferentes demais para pensar por si mesmas.

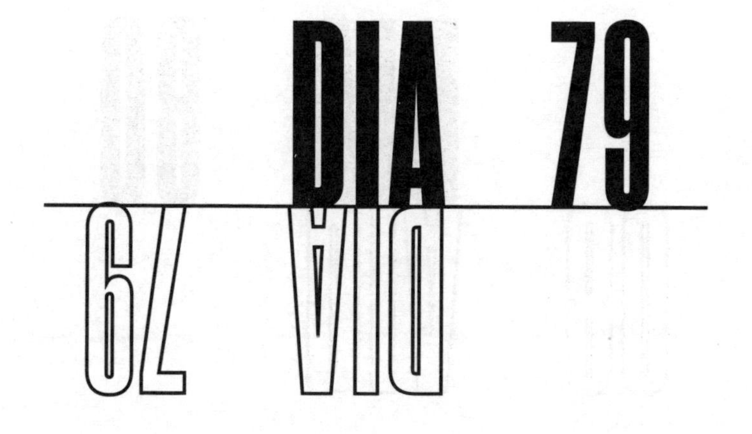

Não permita que uma Atitude Mental Negativa faça de você um perdedor.

Qualquer hábito que faça alguém procrastinar – adiar a tomada de uma decisão firme – leva ao hábito da alienação.

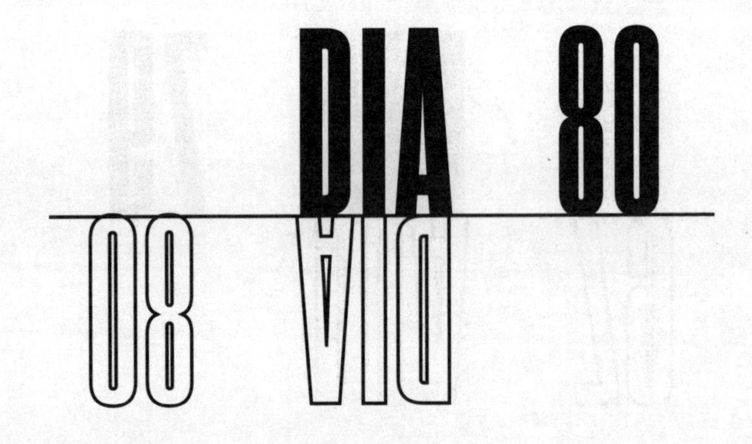

Atos, não meras palavras. Se você realmente for mais inteligente do que os outros, deixará que eles descubram isso a partir de seus atos.

Só o ser humano desafia
as leis da natureza e se aliena quando quer.

Torne-se indispensável em seu trabalho e
veja o quão rápido você será promovido
para um trabalho melhor.

Eu controlo a mente dos seres humanos por causa de seu hábito de se alienar, o que é apenas uma outra maneira de dizer que eu controlo suas mentes só porque eles negligenciam ou se recusam a usar e controlá-las eles mesmos.

O seu mundo irá mudar, quer você opte por mudar ou não, mas você tem o poder de escolher a direção da mudança.

Não há ditadores autonomeados. Eu nomeio
todos eles. Além disso, eu os manipulo
e os direciono em seu trabalho.

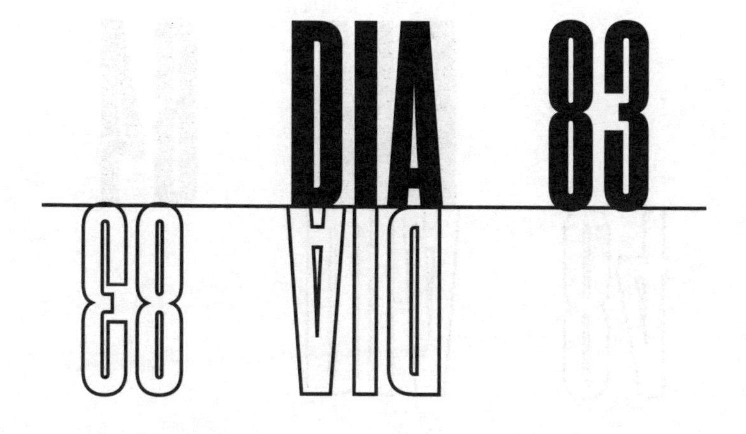

Os semelhantes se atraem. Cada pensamento,
sentimento e emoção mantidos em
sua mente consciente têm a tendência
de atrair pensamentos, sentimentos e
emoções de natureza semelhante. Portanto,
cuidado com o que você exterioriza!

Meus ditadores não se alienam. É por isso que eles governam para mim as milhões de pessoas sob seu controle.

A sua reputação é o que as pessoas pensam que você é; o seu caráter é o que você é.

Estou pagando cada um com o suborno da própria vaidade, fazendo-os acreditarem que estão agindo por conta própria.

Em cada alma foi depositada a semente de um grande futuro, mas essa semente nunca irá germinar – muito menos crescer e amadurecer – exceto através da prestação de serviço útil.

Neste momento, estou abrindo caminho para uma ditadura, espalhando as sementes do medo e da incerteza na mente do povo.

DIA 86

DIA 86

O medo é a mais cara de todas as emoções humanas, embora, na verdade, a maioria dos medos não tenha fundamento.

Alienar-se é a causa
mais comum de fracasso em todas
as caminhadas da vida.

Ninguém que não esteja
disposto a fazer sacrifícios
pessoais alcança o sucesso.

Controlo qualquer um que eu possa induzir a desenvolver o hábito de se alienar em qualquer assunto.

Semeie uma ação e você irá colher um hábito;
semeie um hábito e você irá colher caráter;
mostre caráter e você irá colher um destino.

Primeiro, o alienado é apenas como argila em minhas mãos, para ser moldado em qualquer padrão que eu escolher, porque a alienação destrói o poder da iniciativa individual.

DIA 89

DIA 89

Dois tipos de pessoas nunca alcançam o sucesso: aquelas que fazem apenas o que lhes é dito para fazer e aquelas que não vão além do que lhes é dito. O seu empregador não controla a qualidade do serviço que você presta. Você controla isso, e é o que determina o seu sucesso ou o seu fracasso.

Segundo, o alienado não consegue a ajuda do meu adversário, porque meu adversário não é atraído por algo tão mole e inútil.

Educação significa desenvolvimento da mente para que esta funcione a seu favor, e não contra você. Toda educação é autoadquirida, porque ninguém pode educar o outro.

A pobreza, como a doença física, é contagiosa.

O homem é o senhor de seu destino, porque ele é o senhor de sua atitude. Não é necessário mais esforço para mirar alto na vida, desejar abundância e prosperidade do que é necessário para aceitar a miséria e a pobreza.

Talvez signifique algo para você quando eu chamo sua atenção para o fato de que os não alienados – a quem não controlo – e aqueles que possuem a maior parte da riqueza do mundo são as mesmas pessoas.

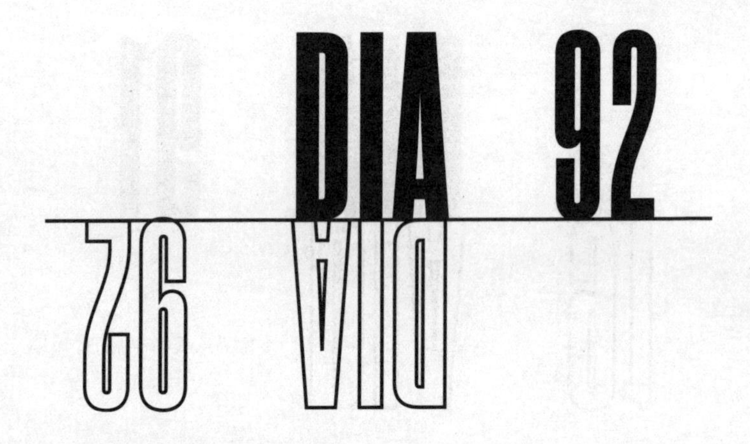

Todos nascemos iguais no sentido de que todos temos igual acesso ao Grande Princípio: o direito de controlar nossos pensamentos e atitudes mentais.

Os homens que sabem como obter as coisas materiais da vida geralmente sabem também como se manter longe do Diabo.

DIA 93

Pense no fato de que você tem total controle sobre apenas uma coisa – os seus próprios pensamentos. Você pode tirar as teias de aranha, que são as paixões, as emoções, os sentimentos, as tendências, os preconceitos, as crenças e os hábitos negativos, ao desenvolver conscientemente os opostos positivos delas.

A habilidade de adquirir coisas é contagiosa. Os alienados nada adquirem, exceto o que ninguém mais quer.

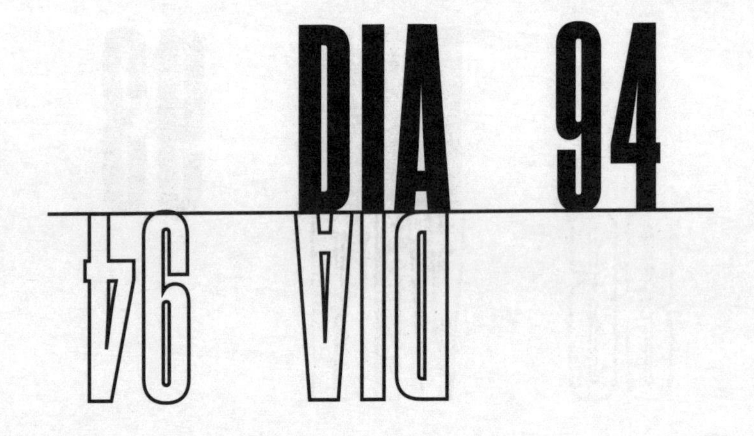

Direcione seus pensamentos com Atitude Mental Positiva para controlar as suas emoções e comandar seu destino.

Se mais pessoas tivessem objetivos firmes e desejos mais fortes por riquezas materiais e espirituais, eu teria menos vítimas.

DIA 95

DIA 95

Uma Atitude Mental Positiva é uma atitude que diz: eu posso e vou tentar. É o pensamento, a ação ou a reação correta, honesta e construtiva a qualquer pessoa, situação ou conjunto de circunstâncias.

Não tenho controle sobre os não alienados, no presente ou no passado. Eu controlo os fracos, não aqueles que pensam por si mesmos.

DIA 96

DIA 96

Uma Atitude Mental Positiva é o catalisador necessário para alcançar o sucesso que vale a pena.

A primeira coisa que você irá notar a respeito de um alienado é a total falta de um propósito principal na vida.

Se você estudar a vida daqueles que têm feito qualquer coisa construtiva, vai encontrar uma fé inabalável neles mesmos e uma recusa em aceitar a derrota.

Um alienado será notório por sua falta de autoconfiança.

Acredite em si mesmo – acima de tudo! Quem você acredita ser, você é. As suas atitudes para com outras pessoas dirão mais sobre você mesmo do que as palavras que você diz, ou sua aparência.

Um alienado nunca realizará nada
que exija pensamento e esforço.

Para se tornar uma pessoa especialista em
ser bem-sucedida em qualquer atividade, é
preciso: prática, prática, prática e prática!

Um alienado gasta tudo o que ganha
e até mais, caso consiga crédito.

Um mau hábito muitas vezes estraga
uma dúzia de bons hábitos.

Um alienado ficará doente ou será afligido por alguma causa real ou imaginária, e clamará aos céus se sofrer a menor das dores físicas.

Se a sua mente pode deixá-lo doente –, e ela pode – lembre-se: ela também pode fazer com que você fique bem!

Um alienado terá pouca ou nenhuma imaginação.

Você tem o poder de criar qualquer coisa que possa imaginar! Trabalhe as ideias produzidas pela sua imaginação... você vai alcançar o sucesso!

Um alienado não terá entusiasmo e iniciativa para começar qualquer coisa que não seja forçado a empreender. Além disso, ele irá claramente expressar sua fraqueza ao adotar a lei do menor esforço sempre que puder.

Seja confiável, preparado para assumir responsabilidades, esteja disponível sempre, seja leal, cortês, esteja pronto para ajudar os outros a progredir, e será praticamente certeza que você se tornará financeiramente independente.

Um alienado é mal-humorado e não tem
controle sobre as próprias emoções.

Mude sua atitude mental e o mundo
ao seu redor logo irá mudar.

A personalidade de um alienado não terá magnetismo e não atrairá outras pessoas.

A sua personalidade pode ser sua maior fraqueza ou melhor qualidade. Ela abrange tudo o que você controla: mente, corpo e alma.

Um alienado terá opiniões sobre tudo, mas não terá conhecimento preciso de nada.

Os que pensam com precisão não permitem que ninguém pense por eles. Colete informações e ouça outras opiniões, mas reserve para si o privilégio de tomar decisões.

Um alienado pode até saber fazer de tudo, mas não faz nada bem-feito.

Você sempre pode identificar um homem que acha que é mais inteligente do que os outros, mas não conseguirá dizer isso a ele.

Um alienado não será capaz de cooperar com quem está ao seu redor, até mesmo com aqueles de quem certamente depende para lhe prover comida e abrigo.

A cooperação é o começo de todo esforço organizado.

Um alienado irá cometer o mesmo erro repetidamente, e nunca aprenderá com o fracasso.

Você não pode alcançar o sucesso duradouro em qualquer empreendimento digno até que se torne grande o suficiente para assumir a culpa por seus próprios erros e adversidades.

Um alienado terá uma mentalidade estreita e será intolerante em todos os assuntos, sempre pronto para crucificar aqueles que podem discordar dele.

Cada pensamento que você libera se torna uma parte permanente de seu caráter.

Um alienado irá esperar tudo dos outros, mas pouco ou nada estará disposto a dar em troca.

É mais lucrativo ser um doador do que um conquistador.

Um alienado pode começar muitas coisas, mas não irá terminar nada.

Quase sempre as pessoas desistem quando as coisas ficam difíceis – sendo que muitas vezes apenas um passo a mais as teria levado triunfantemente à vitória.

Um alienado irá esbravejar ao condenar
o seu governo, mas nunca irá dizer
definitivamente como é possível melhorar.

Uma opinião não é mais sólida do que
o critério da pessoa que a emite.

Um alienado nunca tomará decisões sobre
nada se puder evitar. E se for forçado a decidir,
na primeira oportunidade irá recuar.

Eu me recuso a acreditar no que
você diz, a menos que seja condizente
com o que você faz.

Um alienado irá comer demais e
se exercitar muito pouco.

Associe o trabalho com a diversão, o esforço mental com o físico, a alimentação com o jejum, a seriedade com o humor, e você estará no caminho para a boa saúde e a felicidade. Não tente curar uma dor de cabeça. É melhor curar o que está causando a dor.

Um alienado irá tomar uma bebida
se alguém pagar por ela.

Siga sempre a Regra de Ouro:
não faça aos outros o que você não
gostaria que fizessem a você.

Um alienado irá apostar se puder “pagar depois”.

Você nunca irá chegar aonde quer com base apenas em esperanças vazias ou desejos idílicos.

Um alienado irá criticar outros que estão obtendo sucesso na vocação que escolheram seguir.

Uma forma de evitar críticas é não fazer nada.

Resumindo, um alienado irá trabalhar muito mais para não precisar pensar do que a maioria trabalha para ter uma boa vida.

Tome a atitude agora... e antes que alguém peça para que você o faça!

Um alienado prefere contar uma mentira a admitir sua ignorância sobre qualquer assunto.

Algumas pessoas são sinuosas como os rios, porque seguem pelo caminho de menor resistência.

Se trabalhar para alguém, um alienado irá criticá--lo pelas costas e lisonjeá-lo em sua frente.

Apenas duas pessoas em cada 100 sabem precisamente o que desejam da vida e têm um plano viável para atingir seus objetivos. Estes são os líderes, as histórias de sucesso sobre as quais ouvimos falar todos os dias. Não é estranho que essas pessoas não tenham mais oportunidades do que as outras 98?

O primeiro sinal de um não alienado é o seguinte: ele está sempre empenhado em fazer algo específico, por meio de algum plano bem-organizado que seja definitivo.

DIA 122

DIA 122

O fracasso vem da alienação; o sucesso, da escalada persistente. Com persistência você irá vencer.

O não alienado tem um objetivo principal na vida, para o qual está sempre trabalhando, e muitos objetivos menores que levam ao seu plano central.

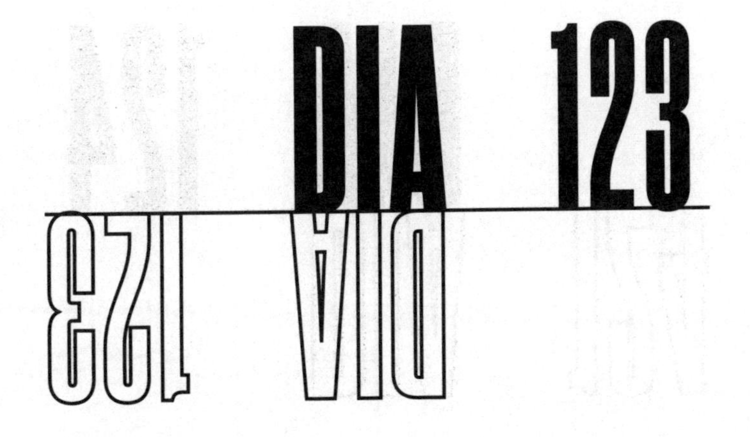

A iniciativa, construída sobre uma compreensão exata do que deve ser alcançado, coloca uma pessoa em harmonia com todos ao seu redor, e com o universo em geral.

O tom da voz, o ritmo acelerado, o brilho nos olhos, a rapidez de suas decisões claramente marcam o não alienado como alguém que sabe exatamente o que deseja e que está determinada a conseguir, não importa quanto tempo possa levar, ou qual o preço a ser pago.

Como você consegue manter uma Atitude Mental Positiva? Pensando e agindo sobre a parte viável de cada plano e se recusando a aceitar como insuperável a parte que não é viável – presente em quase todo empreendimento.

Se você faz perguntas ao não alienado, ele te dá respostas diretas e nunca recua, sendo evasivo ou recorrendo a subterfúgios.

Um gênio é alguém que assumiu o controle total da própria mente e a direcionou para os objetivos que ele mesmo escolheu, sem permitir que influências externas o desencorajassem ou enganassem.

O não alienado faz muitos favores a outros, mas não aceita favores, ou os aceita com moderação.

A melhor recomendação de um homem é a que ele dá a si mesmo ao prestar um serviço superior, com uma correta atitude mental.

O não alienado será encontrado na linha de frente, esteja disputando um jogo ou lutando em uma guerra.

A iniciativa pessoal é a qualidade que impele uma pessoa a fazer o que deve ser feito, sem que se tenha dito a ela o que fazer.

Se o não alienado não souber uma resposta, ele dirá isso francamente.

Uma pessoa instruída não é necessariamente aquela que tem o conhecimento, mas a que sabe onde obtê-lo quando necessário.

O não alienado tem uma boa memória, e nunca oferece uma justificativa para suas limitações.

Os outros não precisam fracassar para que você obtenha sucesso.

O não alienado nunca culpa os outros por seus erros, ainda que eles mereçam a culpa.

Quando todos falharem com você em tempos de adversidade, tente depender apenas de si mesmo. Talvez você descubra riquezas de imenso valor escondidas em seu próprio poder mental.

O não alienado costumava ser conhecido como conquistador, mas atualmente é chamado de doador.

Quanto mais você compartilha, mais você tem.

Você irá encontrar o não alienado administrando o maior negócio da cidade, morando na melhor rua, dirigindo o melhor automóvel e marcando presença onde quer que esteja.

Desenvolva a consciência de sucesso e deixe o seu subconsciente fazer o trabalho!

O não alienado é uma inspiração para todos que entram em contato com sua mente.

O mundo não lhe dá medalhas por causa do que você sabe, mas pode coroá-lo com glória e riquezas pelo que você faz.

A principal característica do não alienado
é a seguinte: ele tem ideias próprias
e as usa para todos os fins.

„Dinamite" mental é qualquer
coisa que faça com que a mente
gire a roda da imaginação.

A grande diferença entre o alienado e o não alienado é uma coisa igualmente disponível para ambos: simplesmente a prerrogativa de cada um usar sua própria mente e pensar por si mesmo.

A pessoa bem-sucedida calcula o tempo, os ganhos e os gastos, vivendo dentro de suas possibilidades. O fracassado desperdiça seu tempo e sua renda com um desrespeito desdenhoso pelo valor que eles têm.

O meu conselho para o não alienado
seria despertar e doar!

Lembre-se de expressar gratidão todos
os dias – por meio de oração e afirmação
– pelas bênçãos que você tem.

O alienado deve ser aconselhado a prestar alguma forma de serviço útil para o maior número de pessoas possível.

Todo mundo tem algo para compartilhar, e lucra ao fazer isso.

O não alienado deve doar. Ele deve dar antes de conquistar!

Se não é sua obrigação fazer isso, talvez seja essa a sua chance.

Eu não tenho o poder de influenciá-lo ou controlá-lo, porque você encontrou o acesso secreto para o meu reino. Você sabe que eu existo apenas na mente de pessoas que têm medos.

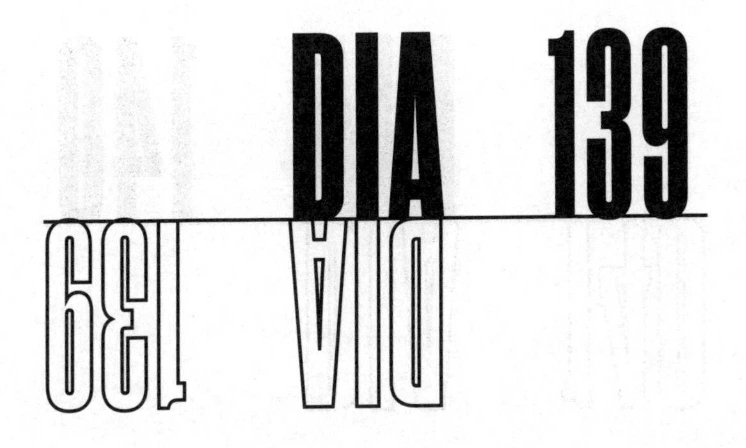

As pessoas não se arriscam nos negócios, porque temem as críticas que podem receber se falharem. Nesses casos, o medo da crítica é mais forte do que o desejo de sucesso.

Você sabe que eu controlo
apenas os alienados, que esquecem
de usar a própria mente.

Uma das principais causas de fracasso
pessoal é a falta de persistência para
finalizar aquilo que se começa.

Você sabe que meu inferno
está aí na Terra, e não no mundo
que vem depois da morte.

A Inteligência Infinita não reconhece
limitações, exceto aquelas que
impomos a nós mesmos.

Você sabe que eu sou um princípio ou uma forma de energia que expressa o lado negativo da matéria e da energia, e que eu não sou uma pessoa com uma língua bifurcada e um rabo pontiagudo.

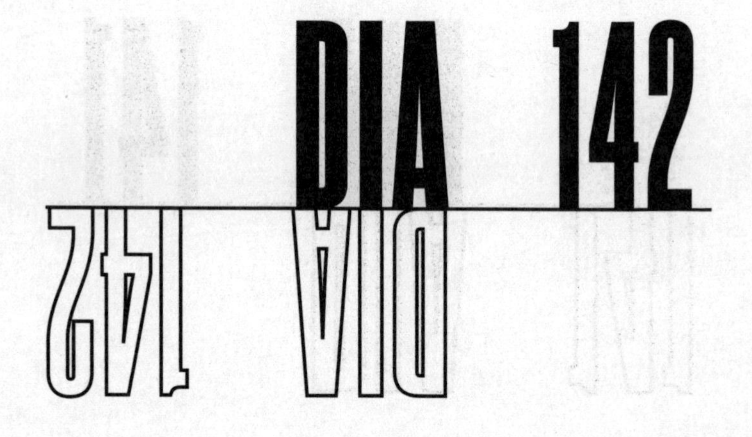

Se você aprender a desenvolver uma consciência de sucesso, a sua vontade subconsciente irá trabalhar positivamente por você 24 horas por dia – mesmo quando estiver dormindo!

Você sabe que pode libertar todas as minhas vítimas com as quais entrar em contato, e esta certeza é o golpe com o qual você irá me causar o maior dano.

Mantenha a parte consciente de sua cabeça focada no que você quer, e o seu subconsciente irá infalivelmente guiá-lo até lá.

Eu não sou capaz de controlá-lo, porque você descobriu sua própria mente e tomou conta dela.

Não procure nas estrelas a causa
de seus infortúnios. Olhe para si mesmo
e consiga melhores resultados.

A bajulação é uma das minhas armas mais úteis. Com esse instrumento mortal, eu destruo os grandes e os pequenos.

Quanto mais você se disciplina, menos será disciplinado pelos outros. O caráter sólido fornece o poder com o qual uma pessoa pode enfrentar as emergências da vida em vez de ser esmagada por elas.

A bajulação é uma isca de valor incomparável para todos que desejam obter controle sobre os outros.

Pessoas bem-sucedidas se movem por iniciativa própria, e sabem aonde estão indo antes de começarem.

A bajulação tem poderosas qualidades atrativas, porque opera por meio de duas das fraquezas humanas mais comuns: a vaidade e o egoísmo.

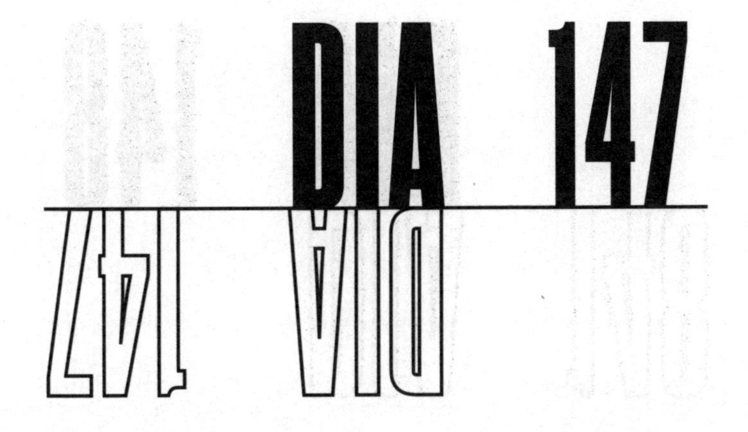

Ações, não palavras, são os melhores meios de autossatisfação.

Há uma certa quantidade de vaidade e egoísmo em todos. Em algumas pessoas essas características são tão evidentes que literalmente servem como uma corda com a qual amarram a si mesmas. A melhor de todas as cordas é a bajulação.

Tudo o que você pode levar com você no fim da vida é o que adicionou ao seu caráter – de bom e de ruim.

A bajulação é a principal isca com a qual os homens seduzem as mulheres. Às vezes; na verdade com frequência, as mulheres usam a mesma isca para obter controle sobre os homens, especialmente aqueles que não são dominados por meio do apelo sexual.

DIA 149

DIA 149

Você tem dois tipos de energia. Uma delas é a física, a outra é mental e espiritual. Esta última é de longe a mais importante, pois de sua mente você pode extrair um vasto poder e força em tempos de necessidade.

A bajulação é a principal isca que meus agentes usam para conquistar a confiança das pessoas e obter delas as informações necessárias para continuar a guerra.

Não chore pela perda – Deus nunca leva coisa alguma sem substituí-la. Pense positivo, especialmente em tempos de dificuldade!

Onde quer que alguém pare para alimentar a própria vaidade com bajulação, eu me movo e começo a construir mais um alienado. Os não alienados não aceitam bajulação facilmente.

A educação vem de dentro. Você a conquista por meio de luta, esforço e pensamento.

Eu inspiro as pessoas a usarem a bajulação em todas as relações humanas em que é possível utilizá-la, porque aqueles que são influenciados por ela se tornam vítimas fáceis do hábito de se alienar.

Aprenda a motivar os outros pelo exemplo.

A idade nada tem a ver com a suscetibilidade à bajulação. As pessoas respondem a ela, de uma forma ou de outra, do momento em que se tornam conscientes de sua própria existência até morrerem.

DIA 153

DIA 153

As emoções nem sempre são confiáveis. É possível se proteger das emoções examinando-as e considerando-as cuidadosamente, por meio do poder da razão e da lógica.

Uma mulher pode sentir-se facilmente lisonjeada ao ouvir que é bonita, ou que suas roupas lhe caem bem.

É sempre seguro falar dos outros se você comentar sobre as boas qualidades deles.

A razão mais eficaz para fisgar os homens
é o Egoísmo, com um E maiúsculo!

Parabenize-se quando atingir aquele grau
de sabedoria que o leva a ver menos as
fraquezas dos outros e mais as próprias, pois
então você estará andando na companhia
dos que realmente são grandes.

Diga a um homem que ele tem um corpo forte, ou que é um grande magnata dos negócios, e ele vai ronronar como um gato e sorrir como um gambá!

A sua personalidade revela muito sobre quem você é. Ela revela como você pensa, os seus padrões éticos, o tipo de vida que você leva. Você pode desenvolver uma personalidade agradável ao manifestar um amor sincero e honesto por outras pessoas.

Nem todos os homens são igualmente suscetíveis à bajulação. Dois em cada 100 têm seu egoísmo tão completamente sob controle que até um bajulador profissional não seria capaz de penetrar na mente deles, nem mesmo com uma furadeira.

Cada palavra que você fala anuncia sua sabedoria ou sua ignorância. Lembre-se disso antes de falar. A comunicação é a base para se relacionar bem com outras pessoas.

As mulheres influenciam os homens por meio de uma técnica que consiste, em primeiro lugar, na capacidade de usar uma voz com tons infantis suaves e balbuciados; em segundo lugar, deixando os olhos entreabertos, o que indica que estão hipnotizando aqueles a quem estão elogiando.

Duas palavrinhas, – „por favor"
– têm grande potencial de encanto.

O tipo de mulher bajuladora nunca atrai um homem consigo mesma ou com qualquer coisa que ela possa oferecer. Em vez disso, ela o atrai com o próprio egoísmo dele.

A sua atitude mental é a chave mais confiável para sua personalidade.

A maioria das pessoas começa a se alienar assim que se depara com uma oposição, e nem um em cada dez mil continuará tentando depois de falhar duas ou três vezes.

A única maneira de alcançar o sucesso é organizar seu poder de pensamento e dirigi-lo para o fim que você deseja.

O fracasso abate o moral, destrói a autoconfiança, subjuga o entusiasmo, entorpece a imaginação e afasta a firmeza de propósito.

Toda grande conquista nasce de esforço.

Pesquise minuciosamente a vida de homens e mulheres que alcançaram o sucesso duradouro e você irá descobrir, sem exceção, que o sucesso deles ocorreu na mesma medida com a qual eles superaram o fracasso.

O sucesso individual geralmente tem a mesma proporção de uma derrota que o indivíduo experimentou e superou.

A vida de cada pessoa bem-sucedida declara em voz alta o que um verdadeiro filósofo sabe: "Todo fracasso traz consigo a semente de um sucesso equivalente".

DIA 163

DIA 163

Lutas são necessárias. Por meio delas a natureza permite que você cresça, desenvolva-se, progrida e torne-se mais forte. A única coisa que a natureza não tolera é a ociosidade! Se você não gosta das circunstâncias de sua vida, modifique-as!

Essa semente brota quando está nas mãos de alguém que reconhece que a maioria dos fracassos é apenas uma derrota temporária. Ele nunca, em hipótese alguma, aceita a derrota como desculpa para se alienar.

A pessoa que é endurecida pelas dificuldades se torna uma pessoa mais forte, que pode fazer mais por si mesma e pelos outros.

O fracasso é uma virtude apenas quando não leva alguém a parar de tentar e começar a se alienar.

Se você desenvolver uma atitude de "eu não acredito em derrota", irá aprender que não existe derrota – até que você a aceite como tal!

Eu induzo o maior número de pessoas que posso a falhar o máximo possível, porque nem uma em cada dez mil continuará tentando depois de falhar duas ou três vezes.

Se você for capaz de olhar para os problemas como reveses temporários e um trampolim para o sucesso, vai passar a acreditar que as únicas limitações que você tem são as que estão em sua própria mente.

Eu não estou preocupado com os poucos que convertem falhas em trampolins, porque de qualquer forma eles pertencem ao meu adversário. São não alienados e, portanto, estão fora do meu alcance.

O fracasso é uma bênção ou uma maldição, dependendo se você reage a ele como um obstáculo ou um trampolim. A natureza de sua reação cabe exclusivamente a você.

Um dos meus truques mais eficazes é conhecido por vocês como propaganda.

A sua mente é dotada com poder para pensar, aspirar, esperar, dirigir a sua vida em direção a qualquer objetivo.

Eu não estou preocupado com os poucos que convertem falhas em trampolins, porque de qualquer forma eles pertencem ao meu adversário. São não alienados e, portanto, estão fora do meu alcance.

DIA 167

DIA 167

O fracasso é uma bênção ou uma maldição, dependendo se você reage a ele como um obstáculo ou um trampolim. A natureza de sua reação cabe exclusivamente a você.

Um dos meus truques mais eficazes é
conhecido por vocês como propaganda.

A sua mente é dotada com poder para
pensar, aspirar, esperar, dirigir a sua vida
em direção a qualquer objetivo.

Os meus propagandistas cobrem o mundo tão minuciosamente que eu posso começar epidemias, soltar os cães de guerra ou causar pânico nos negócios à vontade.

Coloque sua mente em um objetivo definido e observe quão rapidamente o mundo dá passagem a você.

Propaganda é qualquer dispositivo, plano ou método pelo qual as pessoas podem ser influenciadas sem saber que estão sendo influenciadas, ou a fonte da influência.

As pessoas raramente começam a ter sucesso antes dos 40 anos, principalmente porque a maior parte de sua juventude é desperdiçada desaprendendo coisas que não são reais.

O que é o medo do diabo, se não propaganda? Eu nunca alcanço um fim por meios diretos e abertos, mas sim com subterfúgios e sutileza.

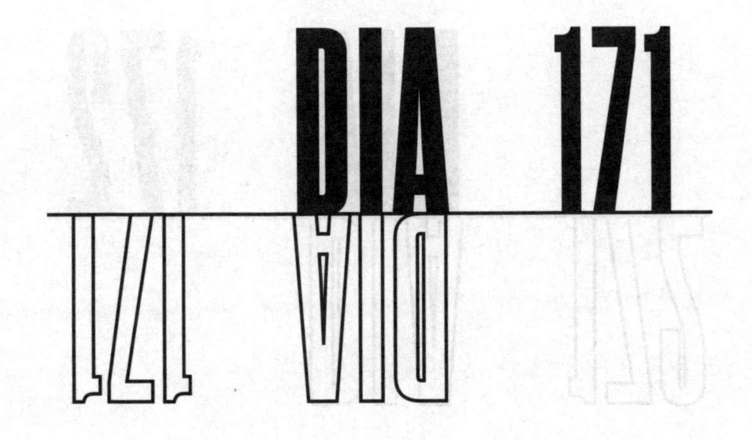

A sua mente é a única coisa sobre a qual você tem total e incontestável privilégio de controle.

Faço minha primeira entrada
na mente de um indivíduo subornando-o.

Tanto a pobreza quanto a riqueza
são filhas do pensamento.

Eu uso muitas coisas como suborno, todas elas agradáveis e cobiçadas pelo indivíduo.

A felicidade é uma coisa enganosa e transitória. E se você sair em busca dela, vai descobrir que ela é evasiva. Mas se tentar buscar a felicidade para outra pessoa, então ela virá até você.

Os meus melhores subornos são: amor, ânsia por expressão sexual, cobiça por dinheiro, desejo obsessivo por algo que seja um jogo de vale tudo, vaidade nas mulheres, egoísmo nos homens, desejo de comandar os outros, desejo por tóxicos e narcóticos, desejo de autoexpressão por meio de palavras e atos, desejo de imitar os outros, desejo de perpetuação da vida após a morte, desejo de ser um herói ou uma heroína, e desejo de bem-estar físico.

Todo homem cuida para que o seu próximo não o engane. Mas chega um dia em que ele começa a se importar em não enganar o seu próximo. Então tudo melhora, pois ele troca o seu carrinho de supermercado por uma carruagem do sol.

Meu trabalho imediato é ocupar o máximo da mente de uma pessoa que eu posso dominar.

Atente-se bem ao seu caráter, e a sua reputação vai cuidar de si mesma.

Se a maior fraqueza de um indivíduo for o desejo por dinheiro, eu começo a balançar moedas diante dele, figurativamente falando.

Revise sua própria vida. Você está equilibrando trabalho e lazer, esforço mental e esforço físico, seriedade e humor?

Eu intensifico o desejo de uma pessoa por dinheiro, e a induzo a ir atrás dele. Então, quando ela chega perto, eu o afasto para longe dela.

DIA 177

Se você não economizar nada, tenha absoluta certeza de que nunca será financeiramente independente, não importa quão alta seja a sua renda.

Depois que o truque é repetido algumas vezes,
o pobre coitado cede e desiste. Então eu tomo
um pouco mais de espaço em sua mente
e o preencho com o medo da pobreza.

Se você não está aprendendo enquanto ganha,
está enganando a si mesmo e perdendo a
melhor parte de sua justa remuneração.

Se minha vítima converte seu desejo por dinheiro em grandes somas, começo a sobrecarregá-la com as coisas que ela pode comprar.

Se você fizer de suas orações uma expressão de gratidão pelas bênçãos que tem recebido, em vez de pedidos pelo que não tem, você verá resultados muito mais rápido.

Por exemplo, eu faço com que ela se encha de comida cara. Isso diminui sua capacidade de pensar, põe seu coração em perigo e a encaminha para a estrada da alienação.

Você pode desfrutar de boa saúde! Uma Atitude Mental Positiva irá atrair boa saúde; uma Atitude Mental Negativa irá atrair problemas de saúde.

Se a vítima for homem, geralmente posso prendê-lo pelo apetite sexual. O excesso de indulgência sexual leva mais homens a se alienarem no fracasso do que todas as outras causas combinadas.

Você não pode separar seu corpo de sua mente. O que afeta o corpo irá afetar a mente. O que afeta a mente irá afetar o corpo.

Por que você acha que os filhos de homens ricos raramente se igualam às realizações de seus pais? Eu lhe direi a razão. É porque eles foram privados da autodisciplina proveniente da obrigação de trabalhar.

A maior cura para a solidão, o desânimo e o descontentamento é o suado e honesto trabalho.

A fim de subornar, eu uso as coisas que todas as pessoas naturalmente desejam; mas o não alienado se assemelha a um peixe que rouba a isca do anzol, mas não se deixa fisgar.

Não se contente com nada menos do que o que você quer.

O não alienado pega da vida o que quer,
mas o faz em seus próprios termos.

DIA 184

DIA 184

Se você estiver disposto a deixar a
vida empurrá-lo, ela o fará.

O alienado pega o que puder conseguir,
mas o faz em meus termos.

A lei da compensação nem sempre é rápida,
mas é tão certa quanto o pôr do sol.

O não alienado pega dinheiro emprestado do banco, se quiser, e paga uma taxa de juros justa.

DIA 186

DIA 186

A pessoa que planeja seu dia com antecedência cuida de seu trabalho de forma lógica e eficiente. Quando não se organiza a agenda, não há por onde começar.

O alienado vai à loja de penhores, penhora seu relógio e paga uma taxa de juros suicida pelo seu empréstimo.

Você fez escolhas que o trouxeram até onde você está hoje. Se você não gosta de onde está, faça escolhas que o levarão aonde você quer ir. Não reaja, aja.

A proteção contra a alienação está facilmente
ao alcance de todo ser humano que tem
um corpo funcional e uma mente sã.

A pessoa de sucesso tem a mente aberta
e é tolerante em todos os assuntos.

Pense por si mesmo em todas as ocasiões. O fato de os seres humanos não possuírem o controle total de nada, a não ser o poder de ter seus próprios pensamentos, está carregado de significado.

Se você fechar sua mente, não será capaz de reconhecer as oportunidades favoráveis e a cooperação amigável de outras pessoas.

Decida definitivamente o que você quer da vida, então crie um plano para alcançar isso e esteja disposto a sacrificar todo o resto, se necessário, em vez de aceitar a derrota definitiva.

A oportunidade geralmente ampara aqueles que a reconhecem. Se você conseguir ver uma oportunidade tão rapidamente quanto consegue ver as falhas dos outros, logo estará rico.

Analise a derrota temporária, não importa a natureza ou causa, e extraia dela a semente de uma vantagem equivalente.

Coloque sua mente para trabalhar.
Avalie sua habilidade e sua energia.

Esteja disposto a prestar um serviço útil equivalente ao valor de todas as coisas materiais que você quer da vida, e preste o serviço primeiro.

DIA 192

DIA 192

Quem poderia precisar da sua ajuda? Como você pode ajudar? Não é preciso dinheiro... só é preciso criatividade e um forte desejo de ser genuinamente útil. Auxiliar os outros a resolverem seus problemas irá ajudar você a resolver os seus.

Reconheça que seu cérebro é um aparelho receptor que pode ser sintonizado para receber comunicações do armazém universal da Inteligência Infinita, de modo a ajudá-lo a manifestar seus desejos fisicamente.

Quando a fé é misturada ao pensamento, a mente subconsciente instantaneamente pega a vibração, a traduz em seu equivalente e a transmite para a Inteligência Infinita.

Reconheça que o seu maior recurso é o tempo, a única coisa, com exceção do poder do pensamento, que você indiscutivelmente possui, e a única coisa que pode ser moldada em qualquer objeto material que você quiser.

DIA 194

DIA 194

O tempo é infinito. A sua oportunidade de usar o tempo é limitada. Faça o melhor uso de ambos para alcançar o sucesso.

Calcule o seu tempo para que nem um pouco dele seja desperdiçado.

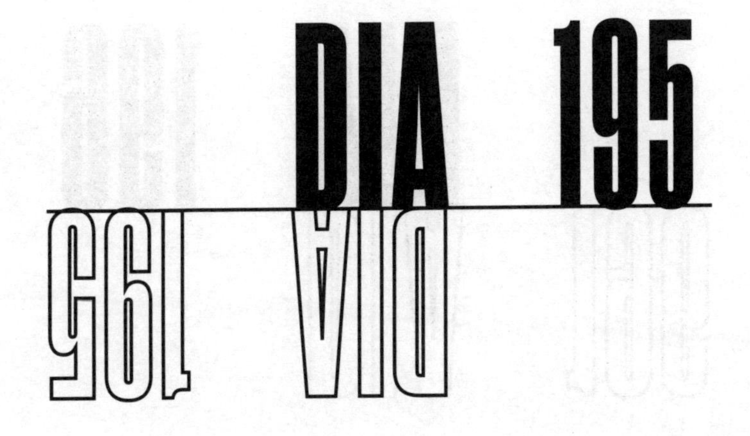

As palavras mais caras são "eu não tenho tempo". Você pode calcular o seu tempo de forma correta para dispor dele para todas as suas necessidades.

Reconheça a verdade de que o medo geralmente é um ardil com o qual o Diabo ocupa a parte não utilizada de sua mente.

DIA 196

DIA 196

Os sete medos básicos incluem o medo de pobreza, de crítica, de falta de saúde, de perda de amor, da velhice, da perda de liberdade e da morte.

O medo é apenas um estado de espírito que você pode controlar preenchendo o espaço que ele ocupa com a fé em sua capacidade de fazer a vida lhe dar qualquer coisa que você queira.

Uma vez que o medo é apenas um estado de espírito, você pode controlá-lo entrando em ação.

Quando orar, não implore! Exija o que você quer e insista em conseguir exatamente aquilo, sem qualquer tipo de substituição.

DIA 198

DIA 198

Você precisa acreditar que aquilo que você quer irá acontecer, e deve tomar a atitude necessária para garantir isso.

Reconheça que a vida
é um comandante cruel. Ou você a
domina ou ela domina você.

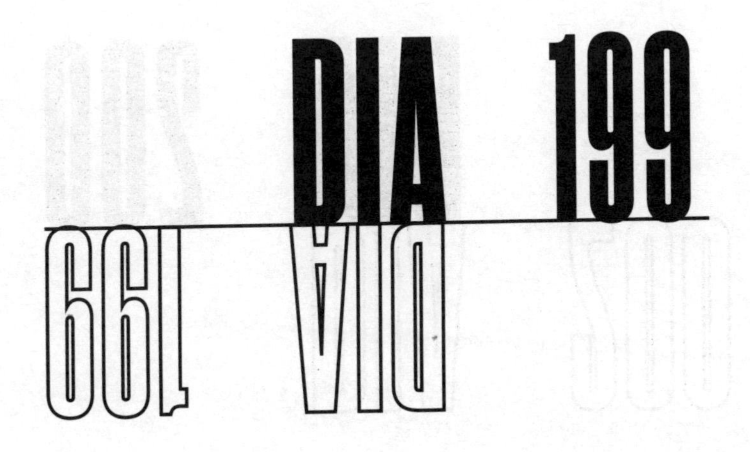

Embora pelas circunstâncias da vida
todo mundo deva passar por uma certa
quantidade de derrotas temporárias, você
pode encontrar esperança ao saber que
cada uma dessas derrotas carrega em si a
semente de um benefício equivalente.

Nunca aceite da vida alguma coisa que você não queira. Se algo indesejado é temporariamente imposto a você, em sua mente você pode se recusar a aceitar, e isso abrirá caminho para o que você quer.

DIA 200

DIA 200

Quando as coisas se tornam tão ruins que não podem piorar, elas geralmente começam a melhorar.

Lembre-se que seus pensamentos dominantes
atraem, por meio de uma lei natural,
através da rota mais curta e conveniente, a
contrapartida física deles. Tenha cuidado
com o que ocupa os seus pensamentos.

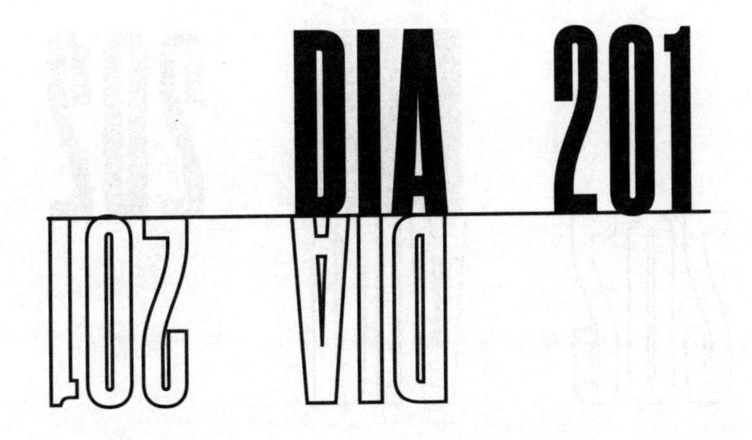

Na Lei da Atração Harmoniosa, os semelhantes
se atraem: sucesso atrai mais sucesso, fracasso
atrai mais fracasso. Para fazer uso dessa lei,
mantenha a sua atitude sempre positiva.

Seja firme em tudo o que você faz
e nunca deixe pensamentos inacabados
em sua mente. Forme o hábito de chegar a
conclusões firmes sobre todos os assuntos.

DIA 202

DIA 202

O segredo para conseguir o que se quer é agir.
O caminho para o sucesso é o pensamento
organizado seguido por ação! Ação! Ação!

O hábito da alienação pode ser modificado se a vítima tiver força de vontade suficiente, desde que isso seja feito a tempo.

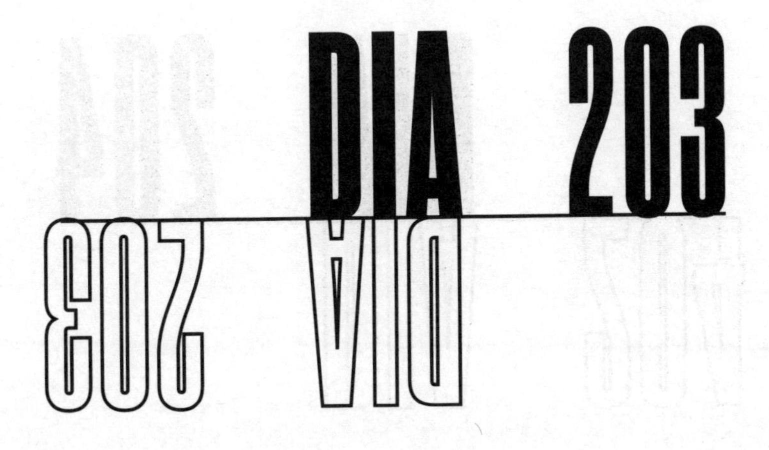

Não seja como um navio à deriva no mar, impotente e sem direção. Decida o que você quer, descubra como conseguir e, em seguida, tome atitudes diárias para alcançar seu objetivo.

Há um ponto além do qual o hábito nunca pode ser quebrado. Ultrapassado esse ponto, a vítima é minha.

As pessoas que falham não têm nenhum propósito firme na vida, elas acreditam que todo sucesso é resultado da sorte, e só se movem por iniciativa própria quando são obrigadas.

A vítima lembra uma mosca que foi pega na teia de uma aranha. Ela pode se debater, mas não consegue sair.

É mais provável que você enferruje o seu cérebro por falta de uso do que por excesso.

A teia em que eu enredo
as minhas vítimas permanentemente é
uma lei da natureza ainda não descoberta
ou compreendida pelos cientistas.

Todas as coisas são possíveis para a pessoa
que acredita que elas são possíveis.

Qualquer impulso de pensamento, repetido pela mente de forma contínua por meio do hábito, forma um ritmo organizado.

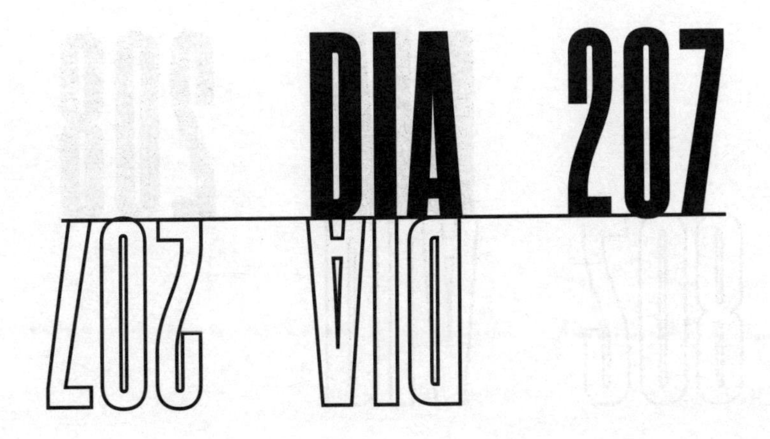

Se você direcionar seus pensamentos e controlar as suas emoções, irá tomar as rédeas do seu destino.

Hábitos indesejáveis podem
ser eliminados. Eles devem ser eliminados antes
que assumam as proporções de um padrão.

Tome conta de sua vida.
Você é o que você pensa!

O ritmo é o último estágio do hábito! Qualquer pensamento ou movimento físico que se repete continuamente através do princípio do hábito por fim atinge a proporção de ritmo.

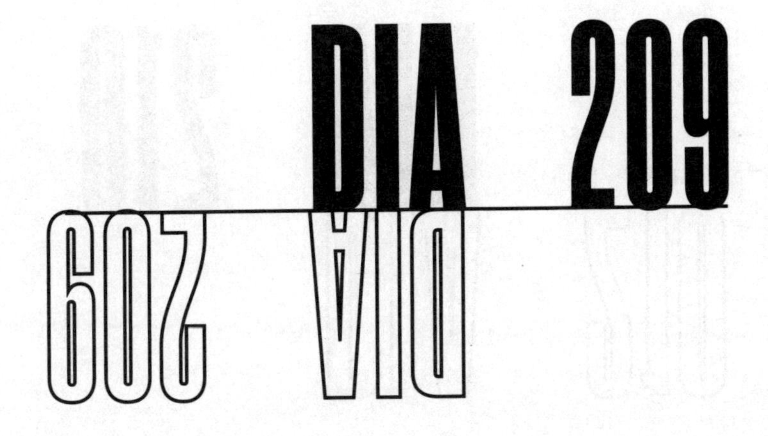

Você precisa aprender a controlar seus pensamentos antes de conseguir controlar os seus atos. Qualquer poder, mental ou físico, é alcançado através de concentração de energia, que, por sua vez, é alcançada apenas por meio da autodisciplina.

Quando o hábito atinge a proporção de ritmo, ele não pode ser eliminado, porque a natureza toma conta dele e o torna permanente.

Todas as coisas grandes são compostas por coisas menores de natureza correspondente.

É algo como um redemoinho na água. Um objeto pode continuar flutuando indefinidamente, a menos que seja envolto por um redemoinho. Então ele passa a girar e girar, sem conseguir escapar.

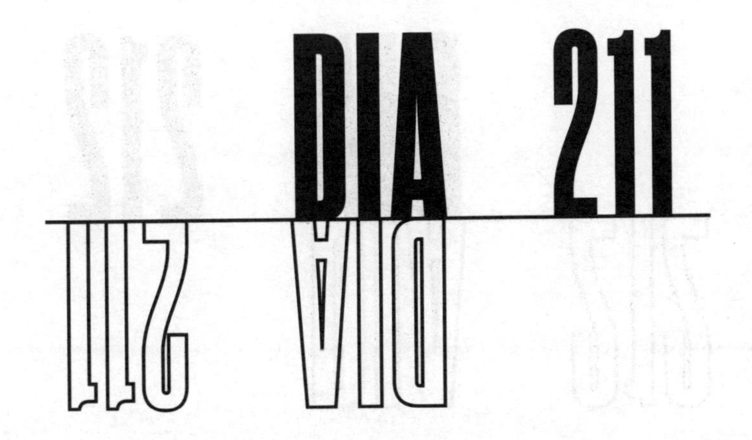

Antes de coroá-lo com um grande sucesso, a oportunidade geralmente testa você com a adversidade, a fim de comprovar a sua determinação.

Tudo que preciso fazer para obter o controle sobre qualquer mente é induzir seu dono a se alienar.

Ninguém que não esteja disposto a fazer sacrifícios pessoais alcança grande sucesso. Todos os hábitos positivos resultam de força de vontade voltada para o alcance de metas definidas.

Aqueles que controlam e usam a própria mente escapam da minha teia.

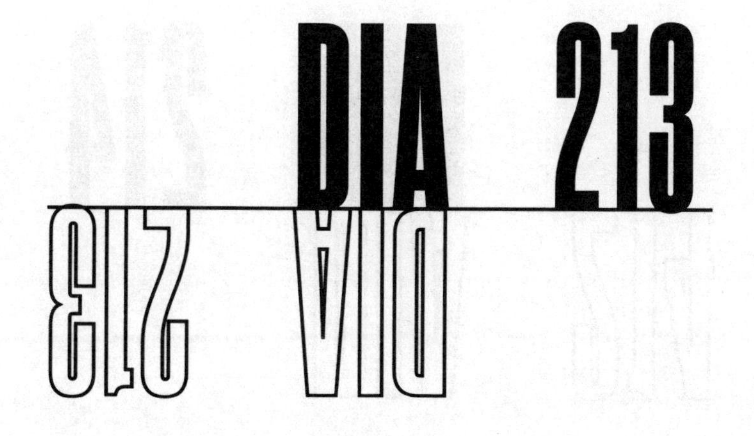

A única pessoa com quem você pode contar durante os tempos de adversidade é você mesmo.

O medo humano que melhor serve ao
meu propósito é o medo da morte.

A única coisa permanente em todo o
universo é a mudança. Nada é o mesmo
por dois dias consecutivos.

Ninguém pode provar definitivamente o que acontece depois da morte. Essa incerteza assusta demais as pessoas.

Quando o entusiasmo bate à porta da frente, a preocupação sai correndo pela porta dos fundos.

Todo ataque feito contra mim serve para fixar o medo de mim na mente de todos os que são influenciados por ele.

O homem tem o poder de criar qualquer coisa que ele possa imaginar!

A minha única preocupação é que um dia um verdadeiro pensador possa aparecer na Terra.

A força criativa de todo o universo
funciona por meio de sua mente quando
você estabelece um propósito firme
e aplica sua fé em sua realização.

Se isso acontecesse, as pessoas aprenderiam a maior de todas as verdades – que o tempo que elas passam temendo algo, caso fosse redirecionado, daria a elas tudo o que quisessem no mundo material, e as salvaria de mim após a morte.

DIA 218

DIA 218

Preste um serviço maior e melhor do que aquele pelo qual você é pago e, mais cedo ou mais tarde, você vai receber juros sobre juros de seu investimento.

Talvez lhe interesse saber que o medo da crítica é a única arma eficaz que tenho para derrotá-lo.

Ninguém até hoje descobriu
as limitações do poder da mente,
porque não há nenhuma.

Se, algum dia, o mundo produzir
um pensador eficiente, com capacidade de
desvendar o segredo tão profundamente oculto
da vida e da morte, tenha certeza de que a
ciência será responsável por essa catástrofe.

O melhor trabalho vai para a pessoa
capaz de realizá-lo sem culpar outra
pessoa ou arrumar desculpas.

É claro que você sabe que ninguém pode ser hipnotizado por outra pessoa sem que esteja disposto a isso.

O poder da autossugestão é tão grande a ponto de tornar a palavra "impossível" tão impotente que, por fim, ela irá se tornar obsoleta em seu vocabulário.

Nem a natureza pode colocar uma pessoa sob o efeito do ritmo hipnótico, se ela não estiver disposta a ser hipnotizada.

A sua posição não é nada mais do que a sua oportunidade de mostrar que tipo de habilidade você tem. Você irá tirar disso exatamente o que depositar – nem mais nem menos.

Tal propensão pode assumir a forma
de indiferença em relação à vida em geral,
falta de ambição, medo, falta de firmeza
de propósito, entre muitas outras.

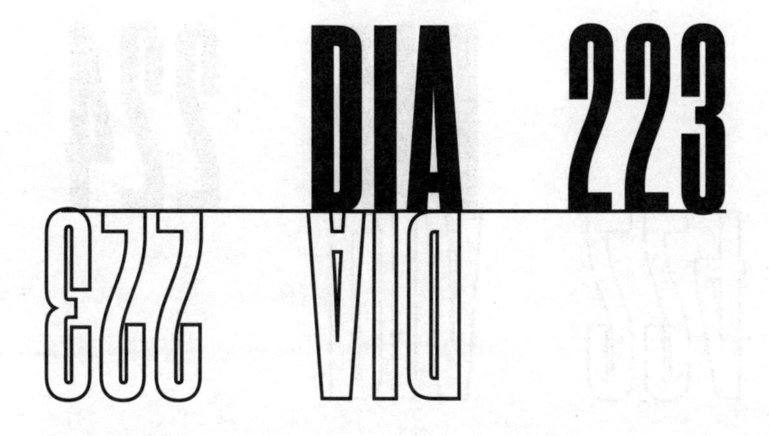

Um homem sem propósito
está tão desamparado quanto
um navio sem bússola.

A natureza não precisa de consentimento para colocar alguém sob o efeito do ritmo hipnótico. Ela só precisa encontrar a pessoa desprevenida, por qualquer forma de negligência em usar sua própria mente.

DIA 224

DIA 224

Conheça a pessoa mais importante do mundo! Essa pessoa é você. O seu sucesso, a sua saúde, a sua felicidade e a sua riqueza dependem de como você usa sua Atitude Mental Positiva.

Lembre-se disso: o que quer que você tenha, ou você usa ou você perde!

Considere perdido o dia em que o sol se pôr sem que você tenha feito boas ações.

Todas as tentativas bem-sucedidas de abandonar o hábito da alienação devem ser feitas antes que a natureza torne isso um vício permanente, por meio do ritmo hipnótico.

DIA 226

DIA 226

A maioria dos fracassos poderia ter sido convertida em sucesso se alguém tivesse persistido por mais um minuto ou se esforçado um pouco mais.

A natureza usa o ritmo hipnótico para tornar permanentes os pensamentos dominantes e os hábitos de pensamento do indivíduo.

Paciência + Persistência + Transpiração = Sucesso.

A pobreza é uma doença, porque a natureza a torna assim ao fixar de forma permanente os hábitos de pensamento de todos que aceitam essa condição como uma circunstância inevitável.

O seu sucesso ou o seu fracasso estão em sua própria mente.

Por meio dessa mesma lei do ritmo hipnótico, a natureza também irá fixar permanentemente os pensamentos positivos de fartura e prosperidade.

Todo sucesso duradouro começa com uma consciência de sucesso apoiada por um plano definido.

Se a sua mente teme a pobreza,
ela irá atrair a pobreza.

O ingrediente mais importante do
sucesso é acreditar em si mesmo.

Se a sua mente exigir fartura, e esperar por isso, ela irá atrair os equivalentes físicos e financeiros da fartura. Isso está de acordo com uma lei imutável da natureza.

A sua capacidade de acreditar é o seu maior trunfo potencial.

A vida paga ao alienado o preço que ela quer, segundo os termos dela. O não alienado faz com que a vida pague nos termos dele.

As riquezas começam com pensamentos.

Você está onde está e é o que é por causa
de seus próprios pensamentos e ações.

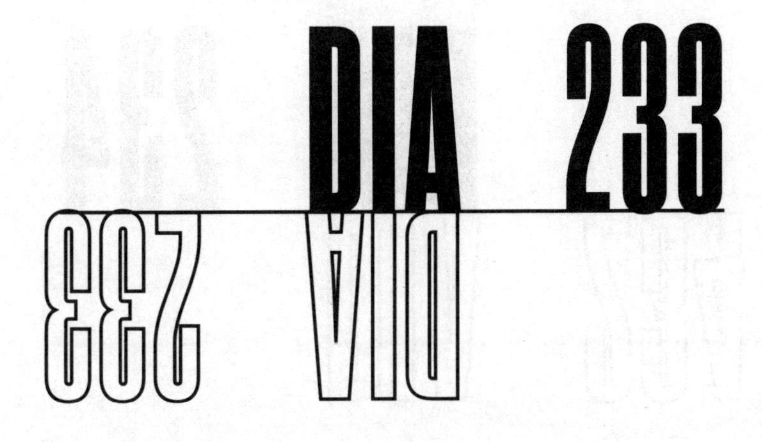

Aprenda a fixar sua atenção em um determinado
assunto, à vontade, pelo tempo que quiser.
Você terá aprendido o segredo para o poder
e a abundância. Isso é concentração.

As circunstâncias que as pessoas não entendem são classificadas sob o título de sorte. Na origem de toda realidade há uma causa.

DIA 234

DIA 234

Todo aquele que tem um grande trabalho chegou lá por meio da sorte. Ele apenas cultivou uma personalidade agradável, tornou-se admirado por outros, plantou sementes da bondade e do bom ânimo aonde quer que fosse e prestou o maior e melhor serviço que pôde. A sorte fez o resto.

Muitas vezes a causa está tão distante
do efeito que a circunstância pode ser explicada
apenas atribuindo-a à ação da sorte. A natureza não
conhece essa famigerada lei chamada de sorte.

Pessoas bem-sucedidas organizam o
seu tempo de forma minuciosa, cada
minuto é calculado e direcionado para
os fins que elas mesmas escolheram.

Os termos “sorte” e “milagre” são gêmeos.
Nenhum deles tem existência real,
exceto na imaginação das pessoas.

A fé é a base de todos os milagres e de
todos os mistérios que não podem ser
analisados por regras da ciência.

Tudo que tem uma existência real
é passível de comprovação.

A fé é a atividade pela qual as mentes
individuais se encontram e estabelecem
uma associação de trabalho com o poder
conhecido como Inteligência Infinita.

Toda ação segue um pensamento. Não pode haver uma ação sem que tenha sido primeiro idealizada em pensamento.

Uma ideia sensata é tudo o que você precisa para alcançar o sucesso. A fraqueza das pessoas comuns está em aceitar a palavra impossível, e aceitar como fato as limitações que elas têm na mente.

Além disso, todos os pensamentos tendem
a se revestir de sua contraparte física.

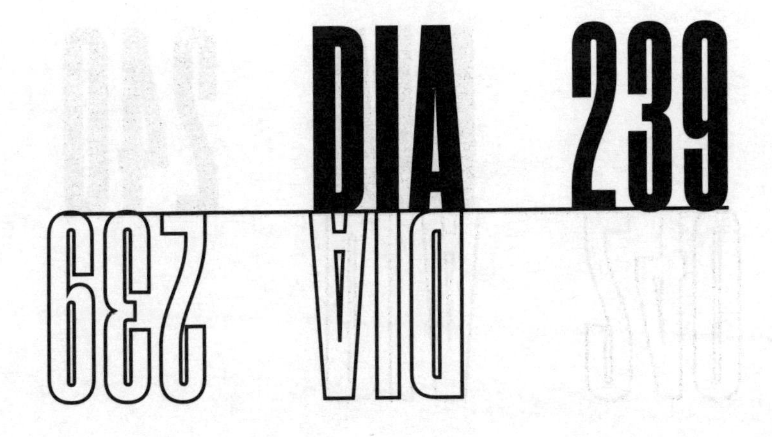

O que conta não é o que você irá fazer,
mas o que você está fazendo agora.

Eu sou o criador de todas as formas de miséria humana, o instigador do desânimo e da decepção.

Você notou que as pessoas que tentam cuidar da vida de outras pessoas raramente cuidam bem da própria vida?

A justificativa preferida do alienado, utilizada para tentar explicar sua posição indesejável, é a de que o mundo está sem oportunidades.

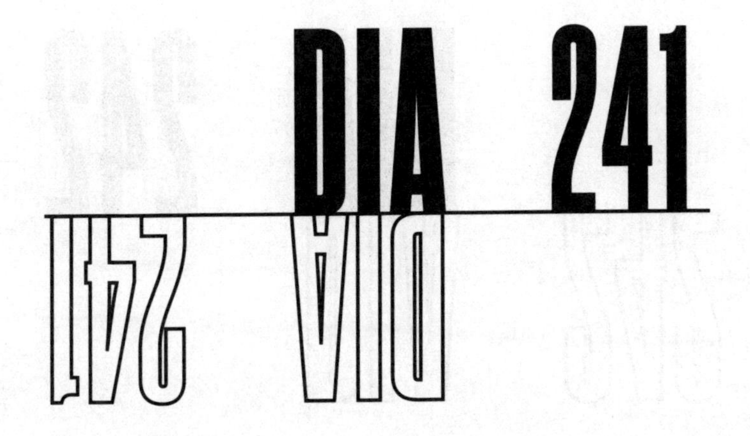

Assim como o seu dia tem as mesmas 24 horas que existem no dia de todo mundo, você tem a mesma chance que todas as outras pessoas têm de utilizar o seu tempo de modo eficiente.

Os não alienados não esperam que a oportunidade seja colocada em seu caminho. Eles criam oportunidades que sirvam aos seus desejos e objetivos na vida!

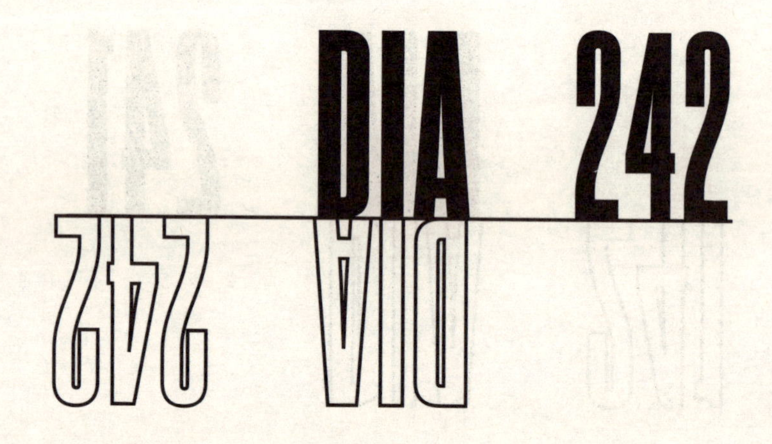

O que a mente consegue conceber e acreditar, ela é capaz de alcançar. O sucesso chega para aqueles que desenvolvem uma consciência de sucesso.

A lei do ritmo hipnótico fixa de forma permanente os pensamentos dominantes dos seres humanos, estejam eles alienados ou não.

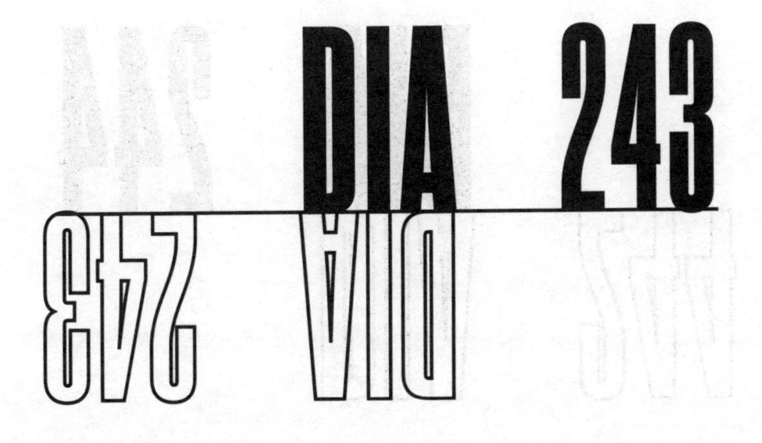

Desejar o sucesso não é suficiente. Você deve ter um propósito firme e um plano para alcançá-lo, e deve agir com base nesse plano todos os dias.

Só o alienado desejaria se esquivar da
influência do ritmo hipnótico.

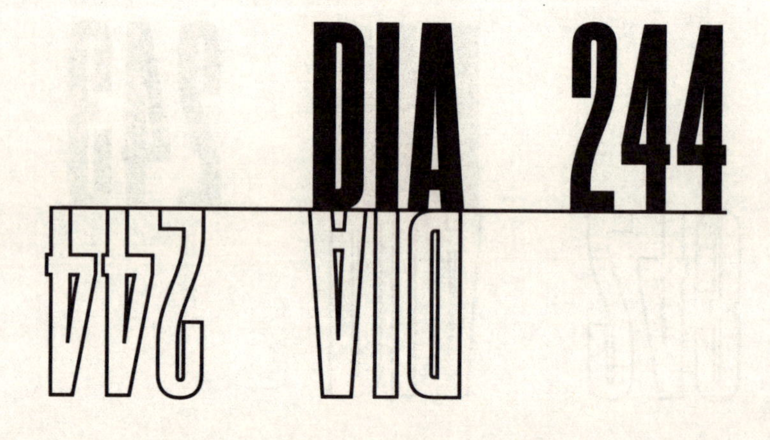

Você deve desejar intensamente o sucesso,
e deve utilizar todo o poder de sua mente.
Não se permita desistir, aceitar a derrota.
A sua única opção é o sucesso.

O maior poder do universo pode ser usado para fins construtivos, por meio do que você chama de Deus, ou pode ser usado para fins negativos, por meio do que você chama de Diabo.

Emoções positivas e negativas não podem ocupar a mente ao mesmo tempo.

Você teme o Diabo e se recusa a confiar em seu Deus, logo, tem apenas uma fonte disponível por meio da qual pode se apropriar dos benefícios do poder universal – confiar e usar o seu próprio poder de pensamento!

DIA 246

DIA 246

É preciso autodisciplina para controlar seus pensamentos e focá-los em um problema até que ele seja resolvido.

Eu tornei atrativo para você o uso do Poder da Inteligência Infinita para alcançar fins negativos, através da ganância, da avareza, da luxúria, da inveja e do ódio.

A maioria das pessoas está pronta para abandonar os seus objetivos e propósitos e desistir de tudo ao primeiro sinal de oposição ou adversidade.

Lembre-se: sua mente atrai aquilo em que ela se concentra.

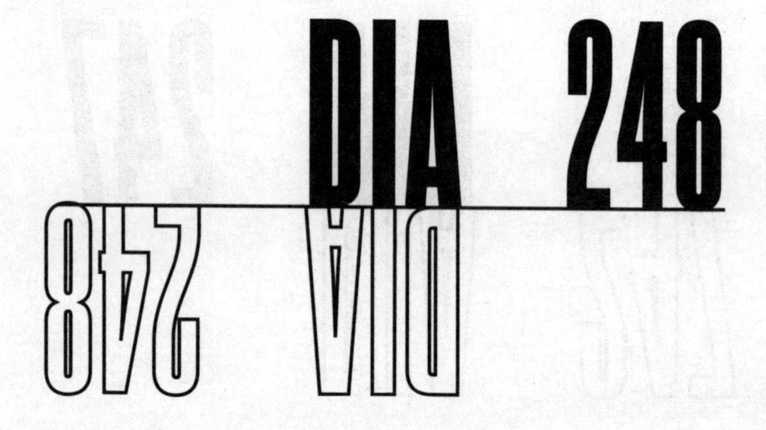

Força de vontade e desejo, quando corretamente combinados, formam uma dupla irresistível.

Para desviar você do meu adversário,
eu só tive que te alimentar com
pensamentos úteis à minha causa.

A oração é o seu maior poder! Certifique-se de agradecer diariamente por suas bênçãos e evite pedir apenas o que você acha que não tem.

Tenho aliados em todas as esferas da vida, para me ajudar em todas as relações humanas.

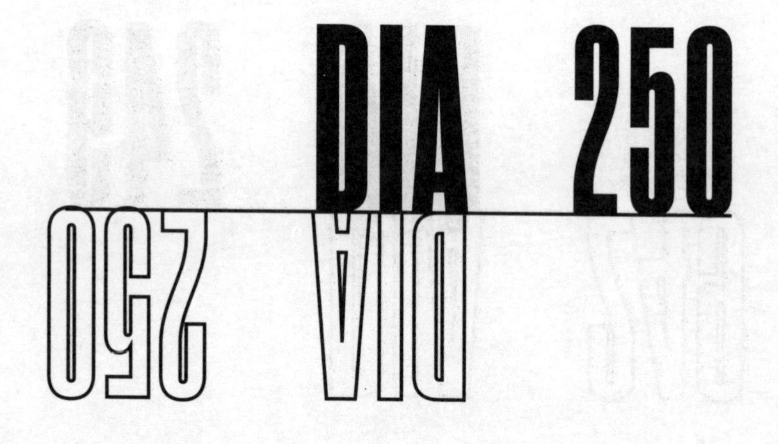

Quando o espírito de trabalho em equipe está disponível, voluntário e livre, ele leva à conquista de um grande e duradouro poder.

Quem manteria vivo o medo do Diabo
se eu refreasse as igrejas?

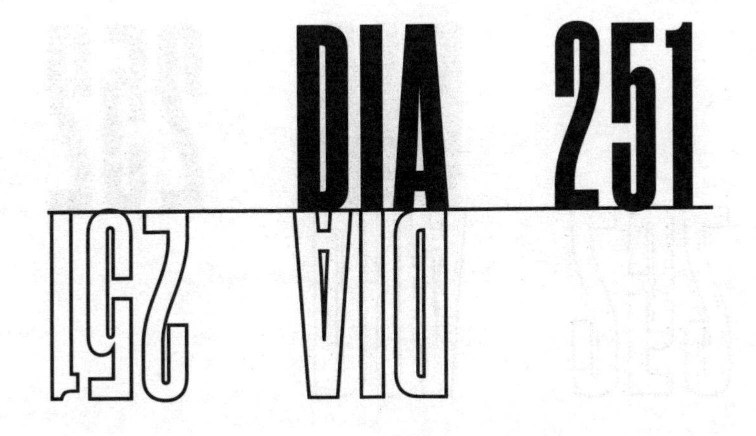

Nunca faça nada que você possa pedir a outra
pessoa capaz de fazer melhor do que você.

O que serviria como isca para atrair a atenção das pessoas enquanto eu manipulo a mente delas, se eu não tivesse alguma agência por meio da qual pudesse plantar as sementes do medo e da dúvida?

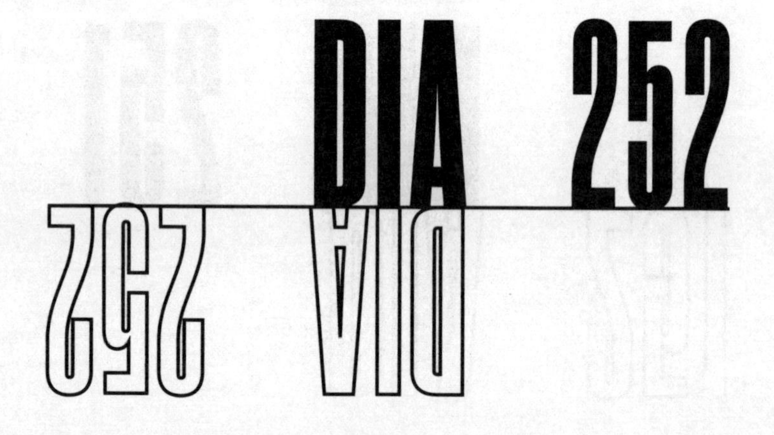

Às vezes é mais sábio unir forças com um oponente do que combatê-lo.

A coisa mais inteligente que faço é usar os aliados do meu adversário para manter o medo do inferno queimando na mente das pessoas.

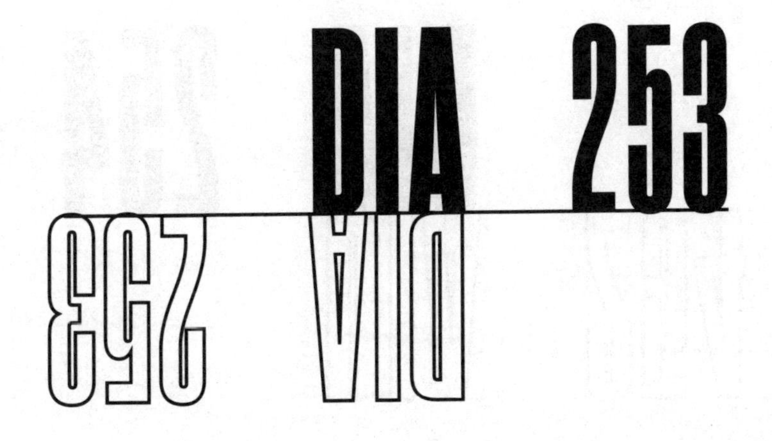

O tempo que você investe em um trabalho não é a correta medida de seu valor. Isso é determinado pela qualidade e pela quantidade do seu trabalho, somada à influência que você tem sobre os outros por meio de sua atitude mental.

Enquanto as pessoas temerem algo, não importa o que aconteça, eu irei mantê-las sob controle.

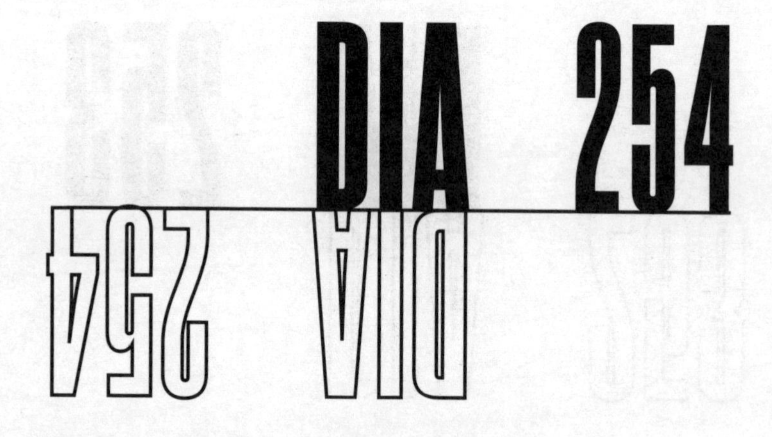

Qualquer ideia dominante, plano ou propósito mantidos na mente consciente por meio da repetição de pensamento, e movidos por um desejo intenso pela sua realização, são assumidos pelo subconsciente e colocados em prática através de qualquer meio natural e lógico disponível.

A natureza impõe à mente dos seres humanos as influências de seu ambiente, que são mais fortes do que os próprios pensamentos do indivíduo.

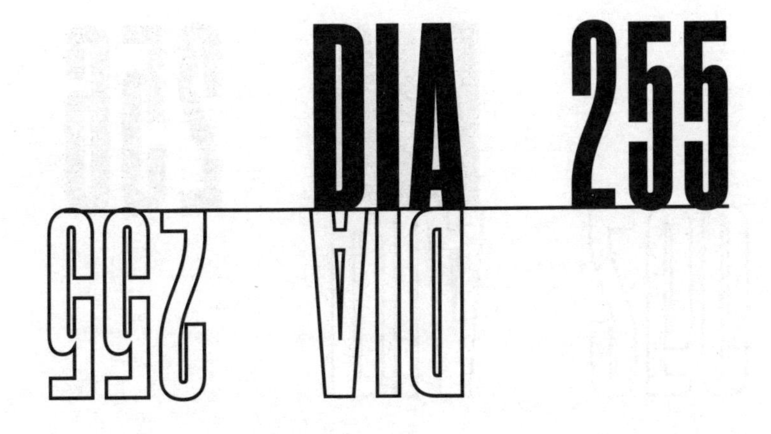

Uma grande conquista nasce do esforço.

As crianças são forçadas a absorver a natureza de todas as influências das pessoas ao redor delas, a não ser que os próprios pensamentos delas sejam mais fortes do que as influências externas.

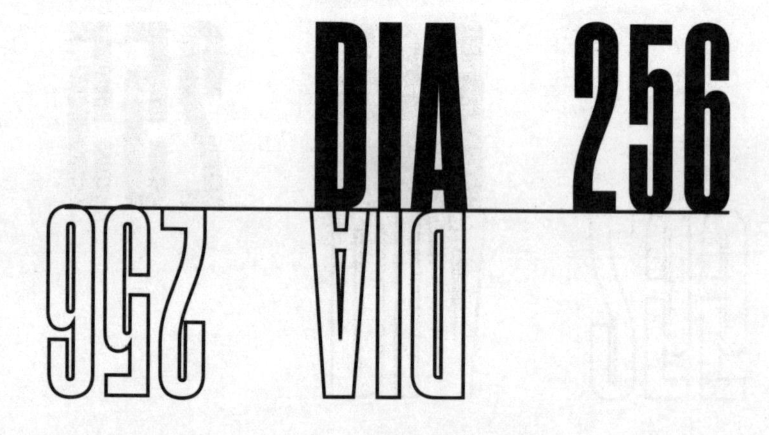

Desenvolva uma atitude de „eu não acredito na derrota"! Não existe derrota – até que você a aceite como tal!

A natureza estabelece um ritmo definido para cada ambiente, e tudo dentro do alcance desse ritmo é forçado a se adequar a ele.

Acredite que você não está limitado... que as únicas limitações que você tem são as que existem em sua própria mente.

Somente o ser humano tem o poder de estabelecer seu próprio ritmo de pensamento, desde que ele exerça esse privilégio antes que o ritmo hipnótico imponha a ele as influências de seu ambiente.

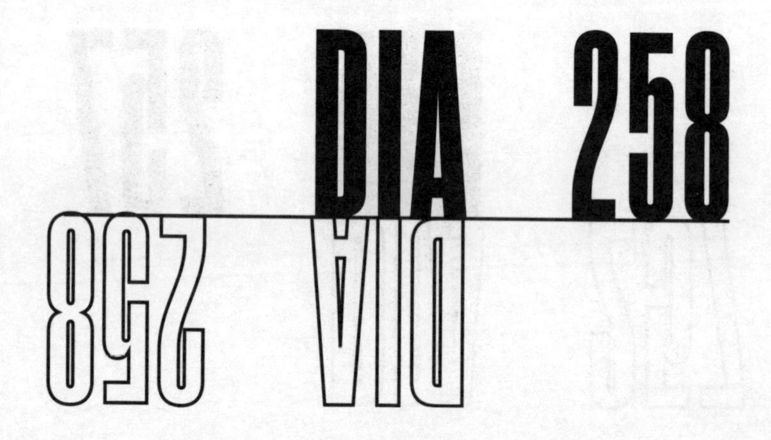

Encare os problemas como contratempos temporários, trampolins para o sucesso.

A pessoa que pensa em termos de poder,
sucesso e fartura estabelece um ritmo
que atrai essas posses desejáveis.

Repetidas vitórias sobre os seus problemas são
os degraus em sua escada para o sucesso.

A pessoa que pensa em termos de miséria, fracasso, derrota, desânimo e pobreza atrai essas influências indesejáveis.

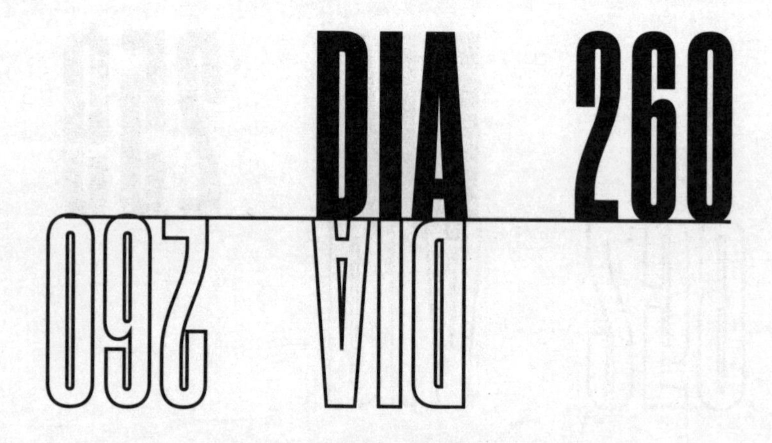

A sua atitude em relação aos problemas, às dificuldades e adversidades é o fator mais importante na superação deles.

O hábito estabelece o ritmo de pensamento, e esse ritmo atrai o objeto dos pensamentos dominantes da pessoa.

Todas as conquistas pessoais começam dentro da mente do indivíduo – conhecer o problema é o primeiro passo para encontrar a solução.

O ritmo hipnótico é semelhante a um ímã, e é por isso que aqueles que são afligidos pela pobreza se agrupam nas mesmas comunidades.

Se você adotar a atitude de „eu vou/eu posso", com certeza terá as habilidades necessárias para transformar uma desvantagem em uma vantagem.

O ritmo hipnótico explica o velho ditado:
"Miséria pouca é bobagem".

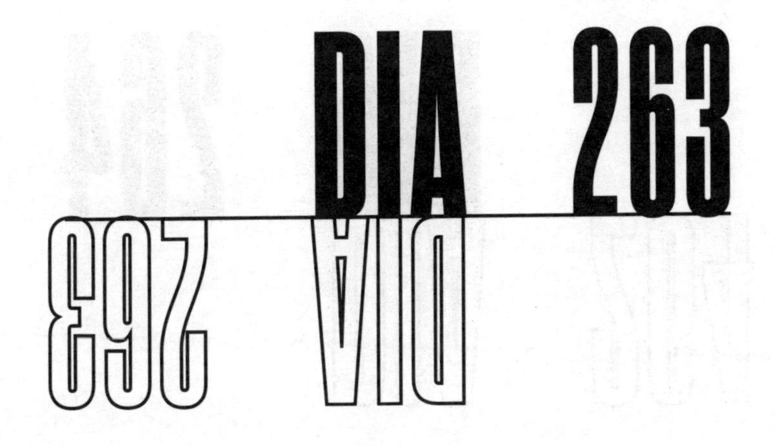

Todo homem ou mulher de sucesso, não importa o campo de atuação, conhece a magia que há nestas palavras: "Cada adversidade tem a semente de um benefício equivalente ou maior".

O ritmo hipnótico também explica por que as pessoas que começam a ter sucesso em qualquer empreendimento acham que o sucesso se multiplica, com menos esforço, com o passar do tempo.

Um desejo intenso é uma força motivacional mais convincente do que o querer, o esperar e o desejar combinados.

Todas as pessoas bem-sucedidas fazem uso de um ritmo hipnótico, de forma consciente ou inconsciente, ao esperar e exigir o sucesso.

A concentração é a habilidade, através do hábito e da prática contínua, de focar sua mente em um assunto até que você se familiarize completamente com ele e o domine.

A demanda por resultados torna-se um hábito, em seguida o ritmo hipnótico assume o hábito e, por fim, a lei da atração harmoniosa o manifesta em seu equivalente físico.

DIA 266

DIA 266

Qualquer um pode desejar algo – e a maioria das pessoas deseja. Mas apenas alguns sabem que um plano definido e um desejo intenso são o único caminho para a realização.

Um ritmo hipnótico não pode mudar a natureza do corpo físico que herdamos ao nascer, mas pode, efetivamente, modificar, controlar e produzir influências ambientais permanentes.

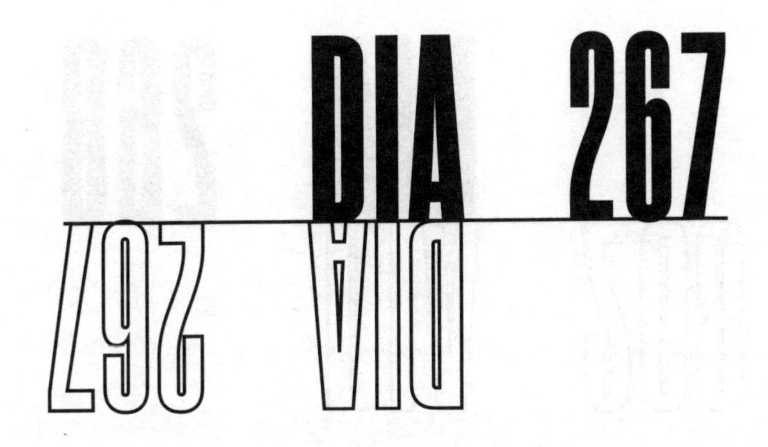

Assuma o controle de sua vida e mude o que precisa ser mudado. Apenas você tem o poder de fazer isso. Você pode mudar seu mundo!

Também posso dizer-lhe que qualquer ser humano capaz de ser firme em seus objetivos e planos pode fazer a vida lhe entregar o que ele quiser.

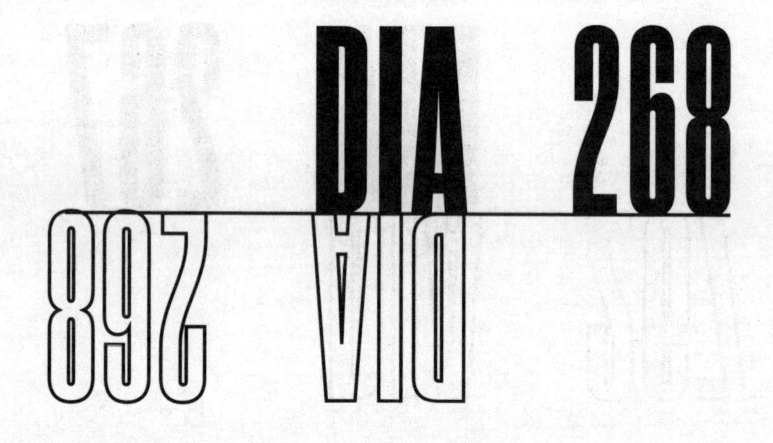

Você deve acentuar seus anseios transformando-os em um desejo intenso – e respaldar esse desejo por meio de ações contínuas, com base em um plano sólido.

O adversário sabe que a firmeza de propósito fecha as portas da mente de alguém contra mim de maneira tão forte que eu sou incapaz de invadi-la, a menos que consiga induzir a pessoa a criar o hábito de se alienar.

DIA 269

DIA 269

Copie a seguinte declaração e coloque-a onde ela possa ser a primeira coisa que você vê de manhã e a última coisa à noite: "Eu tenho um grande propósito definido, e é meu dever transformar esse propósito em realidade".

Eu abalo a firmeza das pessoas
com minhas promessas.

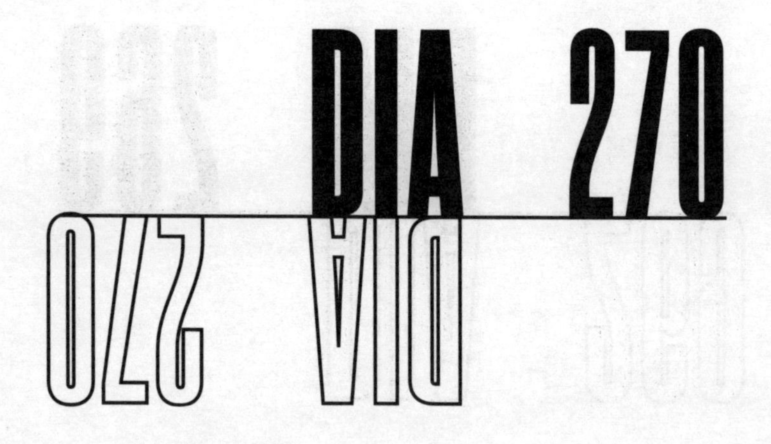

Eu vou desenvolver o hábito diário de tomar
atitudes que me aproximem da realização
do meu principal propósito definido.

Eu atraio as pessoas, alimentando-as generosamente com os hábitos de pensamento aos quais elas gostam de se entregar.

A sua atitude mental é o meio pelo qual você pode equilibrar sua vida e seus relacionamentos com as pessoas e as circunstâncias, para atrair o que você deseja.

Quando uma criança nasce, ela não traz nada além de um corpo físico representando os resultados evolutivos de milhões de anos de ancestralidade.

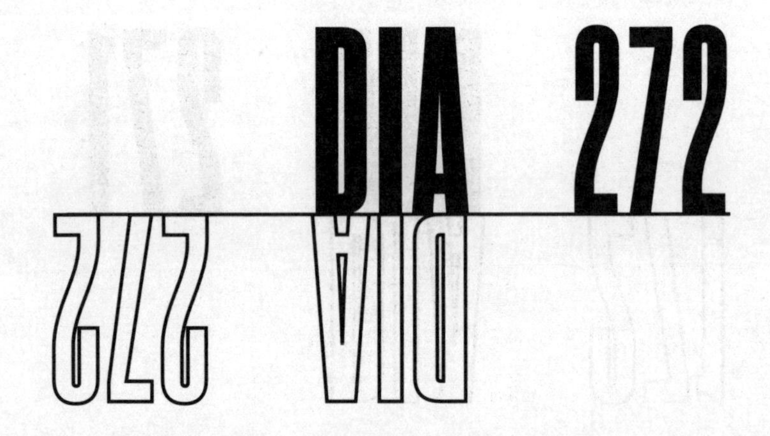

Todas as coisas que você precisa ou quer possuem uma maneira de se apresentar assim que você estiver pronto para elas.

Se os pais de uma criança temem a mim e expressam esse medo de um modo que a criança possa compreender, ela se apegará ao medo por meio do hábito de imitação, e o conservará como parte de seu estoque subconsciente de crenças.

A cooperação entre o consciente e o subconsciente lhe dá a capacidade de entrar em contato com o poder da Inteligência Infinita, comunicar-se com ele e a ele recorrer.

Uma vez que qualquer pessoa aprende o poder de seus próprios pensamentos, ela se torna positiva e difícil de dominar.

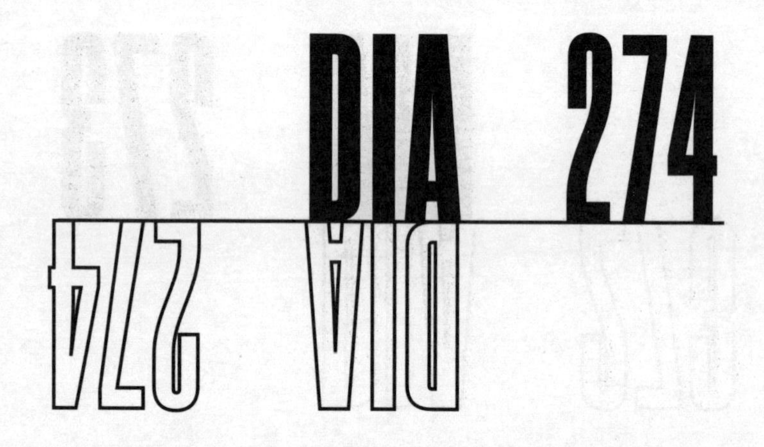

Não ligue para o que os outros não fizeram. É o que você faz que conta.

Uma vez que qualquer pessoa hesita, procrastina ou se questiona sobre qualquer coisa, ela está apenas a um passo do meu controle.

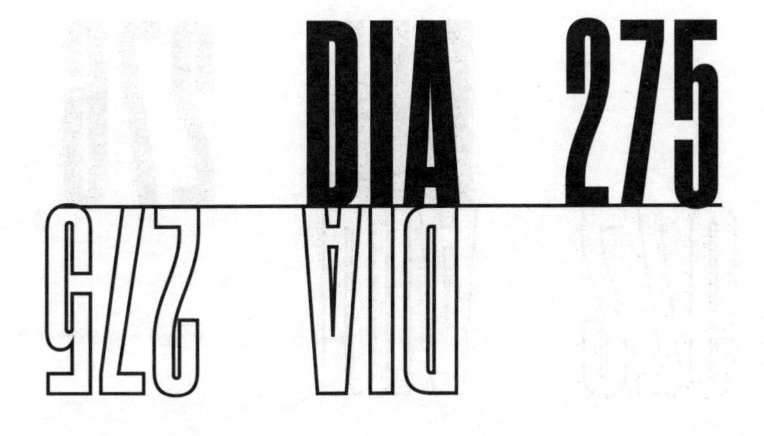

Fale por meio de atitudes, e as palavras se tornarão desnecessárias.

Devo lhe dizer como, por fim, recupero para a minha causa todos os que escapam de mim temporariamente por meio de uma firmeza de propósito.

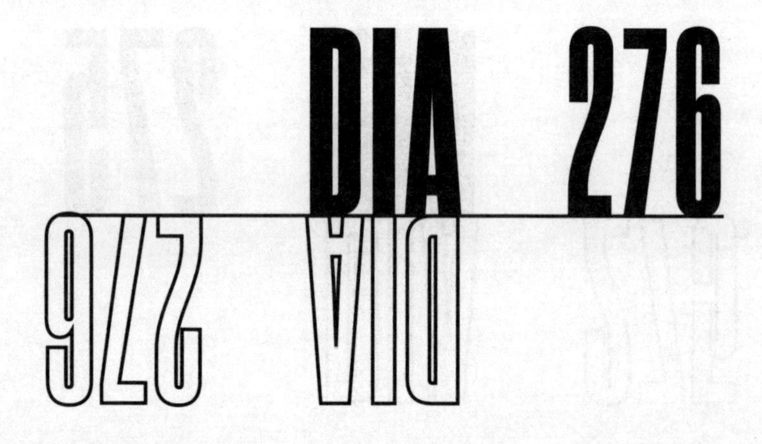

Quando você se deparar com um desastre, use um pensamento preciso e uma atitude mental positiva para imaginar o pior que pode acontecer, perceba então que você pode sobreviver a qualquer coisa que possa acontecer, e aceite isso como seu novo ponto de partida!

Eu recupero o indivíduo preenchendo a mente dele com a ambição pelo poder e com a paixão por expressões egoístas, até que ele adote o hábito de violar os direitos dos outros. Então, eu entro com a lei da compensação e tenho de volta minha vítima.

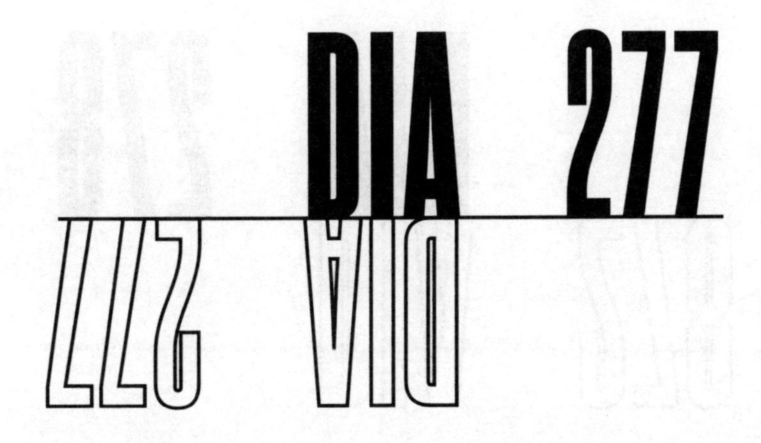

A ostentação é geralmente a admissão de um complexo de inferioridade.

Cada princípio de bondade carrega consigo
a semente de um perigo equivalente.

Mantenha sua mente positiva. Saiba o que você quer. Planeje seu trabalho e desenvolva o seu plano. Ande além do esperado em todas as relações humanas. Caminhe de acordo com a sua própria iniciativa.

Todos os hábitos, com exceção do amor à firmeza de propósito, podem levar ao hábito da alienação.

Se o fracasso te superar, não desperdice seu tempo se preocupando com isso. Em vez disso, concentre seus esforços em encontrar a semente de um benefício equivalente e use-a em seu favor.

A paixão pela verdade, a menos que assuma a proporção de firme busca pela verdade, pode se tornar semelhante a todas as outras boas intenções.

Boas ações são mais benéficas do que boas intenções.

A paixão é um estado de espírito que obscurece a razão e a força de vontade, e nos cega para fatos e para a verdade.

Desenvolva um plano de ação e siga o seu plano.

Talvez você fique surpreso em saber que a paixão é uma das minhas iscas mais eficazes.

O querer não é um substituto para a ação... Você deve tomar medidas diárias em direção ao seu objetivo. Lembre-se, o sucesso é alcançado apenas por aqueles que tentam – e continuam tentando!

Paixão e medo, combinados, são as armas mais eficazes com as quais induzo as pessoas a se alienarem.

As pessoas reagem de acordo com o estado de espírito que você transmite a elas.

Dê-me o controle sobre os medos de uma pessoa, diga-me o que ela mais ama, e você pode considerá-la também como minha escrava.

Ninguém é capaz de provocar em você ciúmes, raiva, sentimento vingativo ou cobiça – a menos que você permita.

A paixão e o medo são forças emocionais de uma potência tão colossal que ambos podem fazer com que você deixe completamente de lado a força de vontade e o poder da razão.

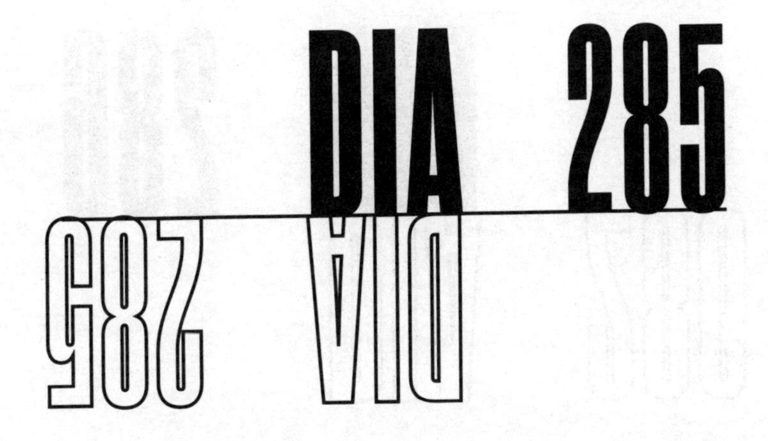

A autodisciplina é a primeira regra de toda liderança bem-sucedida.

As pessoas que obtêm e mantêm o poder devem se tornar firmes em todos os seus pensamentos e todas as suas ações.

DIA 286

DIA 286

A fé sem ação está morta. Ela é a arte de acreditar por meio do fazer, que surge como resultado da ação persistente.

A firmeza do propósito somada à firmeza do plano para que o propósito seja alcançado geralmente são bem-sucedidas, não importa o quão fraco possa ser o plano.

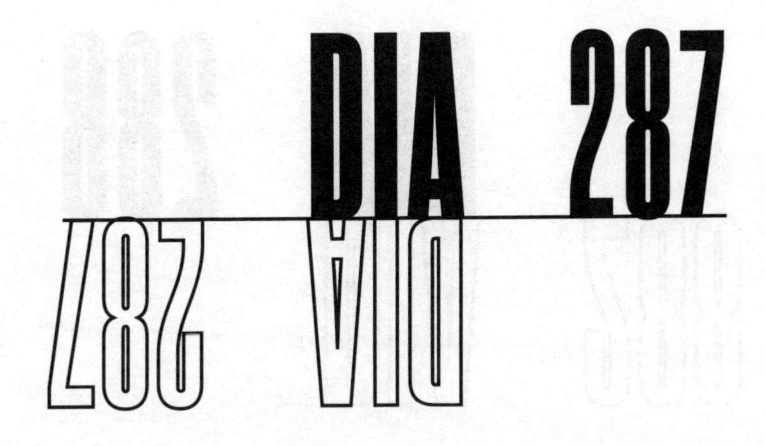

Um plano fraco muitas vezes tem sucesso por meio de um forte entusiasmo!

A grande diferença entre um plano sólido e um plano inconsistente é que o plano sólido, se aplicado com firmeza, pode ser realizado mais rapidamente do que um plano inconsistente.

O segredo para o sucesso está em sua capacidade de acreditar que você terá sucesso.

Pessoas que possuem firmeza em seus planos e propósitos nunca aceitam a derrota temporária como sendo mais do que a necessidade de um esforço maior.

Honestidade e trabalho árduo são traços louváveis, mas nunca irão ajudar no sucesso de alguém que não tem um propósito firme.

Por meio da operação da lei
da compensação, todos colhem
aquilo que semeiam.

A qualidade e a quantidade do serviço que você
presta, somadas à atitude mental com a qual você
o fornece, determinam o pagamento que você
recebe e o tipo de trabalho que você possui.

Planos baseados em motivos injustos ou imorais podem trazer sucesso temporário, mas o sucesso duradouro deve levar em consideração a quarta dimensão, o tempo.

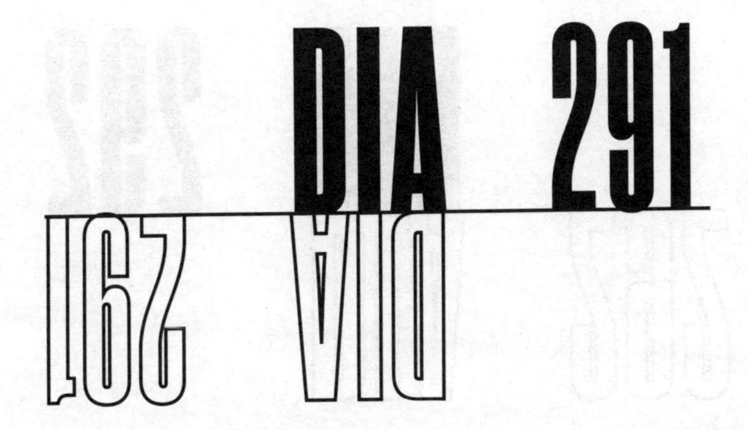

A eficácia no esforço humano exige o cálculo organizado do tempo.

O tempo é o inimigo da imoralidade e da injustiça.

DIA 292

DIA 292

As batalhas da vida nem sempre
são vencidas pela pessoa mais forte ou
mais rápida. Cedo ou tarde, quem ganha
é aquele que acredita ser capaz!

O jovem muitas vezes comete o erro de desejar os ganhos temporários provenientes de planos imorais e injustos, mas deixa de olhar para a frente e observar as penalidades que virão tão certamente como a noite vem após o dia.

DIA 293

DIA 293

Uma Atitude Mental Positiva determina se você age favoravelmente ou desfavoravelmente, construtivamente ou destrutivamente, positivamente ou negativamente.

O atrito e todas as formas de discórdia entre as mentes inevitavelmente levam ao hábito da alienação, e, é claro, à falta de firmeza.

DIA 294

DIA 294

Até você aprender a ser tolerante com aqueles que nem sempre concordam com você, até que tenha cultivado o hábito de dizer alguma palavra gentil sobre quem você nem sempre admira, até que tenha adquirido o hábito de procurar o lado bom que há nos outros em vez do ruim, você não será nem bem-sucedido nem feliz.

O primeiro dever de cada ser humano
é para consigo mesmo!

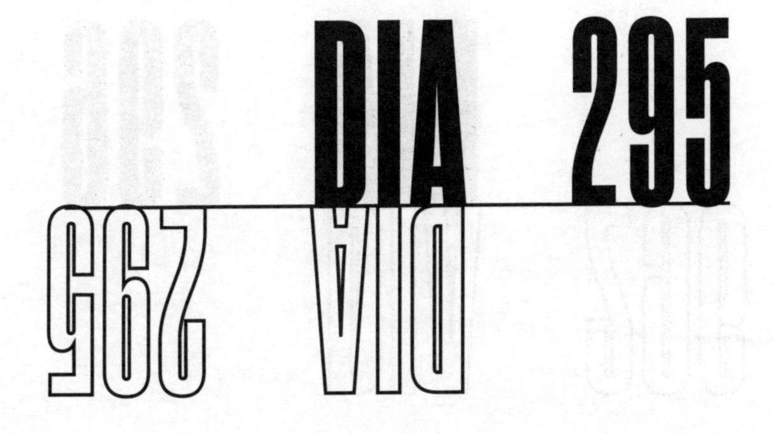

Uma pessoa com Atitude Mental Positiva
visa objetivos elevados e constantemente
se esforça para alcançá-los.

Cada pessoa tem para consigo mesma
a obrigação de encontrar uma maneira
de viver uma vida plena e feliz.

DIA 296

DIA 296

Escolha uma referência: alguém próspero,
confiável e bem-sucedido; em seguida, decida
não só alcançar essa pessoa, mas ultrapassá-la!

Os pais devem aos seus filhos tudo o que podem dar a eles no caminho do conhecimento.

Lembre-se que a mente se fortalece por meio do uso.

O tipo de oração contra a qual eu sou impotente é a oração para a firmeza de propósito.

DIA 298

DIA 298

Fé passiva na realidade não existe. A ação é o primeiro requisito de toda fé. Palavras por si só não servirão.

A firmeza é, na verdade, o único tipo de oração com a qual se pode contar. Ela faz a pessoa usar o ritmo hipnótico para alcançar objetivos definidos... pelo simples ato de se apropriar dele a partir do grande depósito universal da Inteligência Infinita.

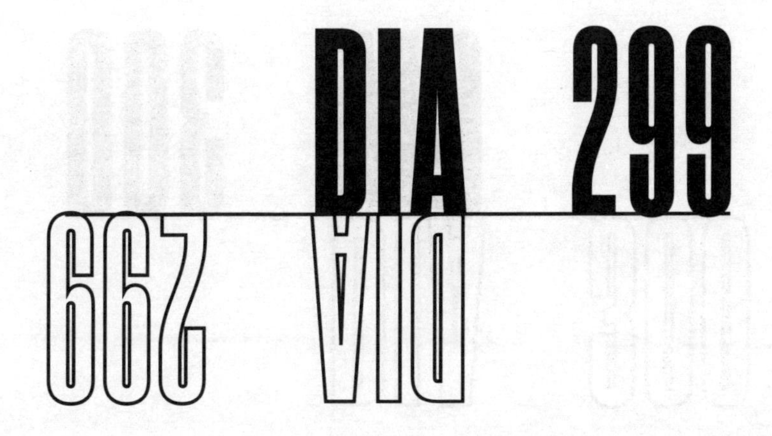

Pedir ao Criador que faça algo em seu favor que você poderia fazer por si mesmo não é pedir demais?

Quando você ouve uma pessoa orando por algo que ela deveria obter por meio de seus próprios esforços, tenha certeza de que aquela é uma alienada.

O que você faz causa uma impressão muito maior do que o que você diz!

A Inteligência Infinita favorece apenas aqueles que compreendem e se adaptam às suas leis.

No dia em que adotar uma Atitude Mental Positiva você irá conhecer a pessoa mais importante do mundo – VOCÊ!

A natureza não faz distinção por causa de um bom caráter ou de uma personalidade agradável. Estas coisas ajudam as pessoas a viver de forma mais harmoniosa entre si, mas a fonte que responde à oração não se impressiona com aparências.

A cortesia não depende da educação,
mas do bom senso.

A lei da natureza é: “Saiba o que quer, adapte-se às minhas leis, e você conseguirá”.

Quem disse que „não era possível fazer“?
E que grandes feitos ele tem a favor dele
que o qualifica a julgar a sua habilidade?

Eu prospero na ignorância, na superstição, na intolerância e no medo, mas caio diante do conhecimento firme e devidamente organizado, com base em planos firmes na mente de pessoas que pensam por si mesmas.

DIA 304

DIA 304

A firmeza de propósito é o ponto de partida de toda conquista que valha a pena. Isso significa que você sabe o que quer, tem um plano para obtê-lo, toma iniciativa diariamente e não se contenta com nada menor.

A Onipotência e eu representamos as forças positivas e negativas de todo o sistema universal, e somos igualmente equilibrados um contra o outro.

A fé é uma combinação de pensamento e ação.

Todo ser humano tem uma ampla gama de escolhas para pensar e agir.

Um homem nasce com alguns direitos inalienáveis, mas deve conquistar seus privilégios.

Todo ser humano pode usar seu cérebro para receber e expressar pensamentos positivos, ou pode usá-lo para expressar pensamentos negativos.

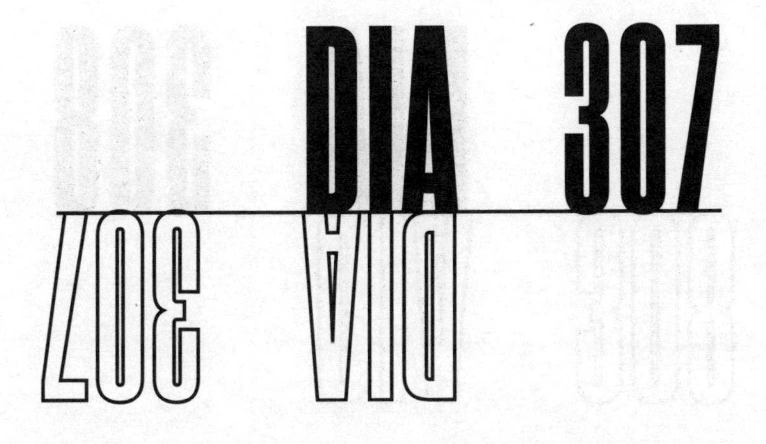

Decida-se hoje a ser feliz! A diferença entre pessoas felizes e pessoas infelizes é a atitude.

A única coisa de valor duradouro para qualquer ser humano é um conhecimento funcional de sua própria mente.

A mente humana é uma forma de energia, uma parte dela é de natureza espiritual.

Ignorância e medo são os únicos inimigos dos quais os homens precisam ser salvos.

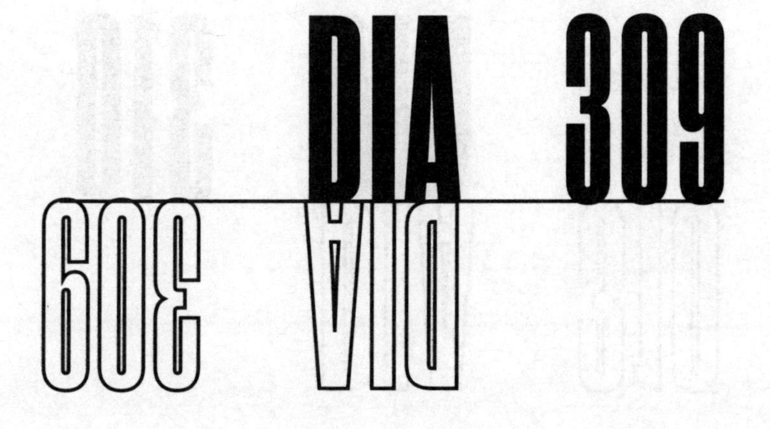

Uma Atitude Mental Positiva desempenha um papel importante em sua saúde, incluindo sua energia do dia a dia e o entusiasmo para viver.

Ensine a todos os estudantes
como reconhecer ideias práticas que
possam ser benéficas para ajudar a adquirir
tudo o que alguém quer da vida.

Repita várias vezes, todos os dias: "Cada dia, em todos os sentidos, por meio da graça de Deus, eu estou melhor e melhor", e você colocará a força da Atitude Mental Positiva para trabalhar a seu favor.

Ensine os estudantes a calcularem e a usarem o tempo e, acima de tudo, ensine a verdade de que o tempo é o maior e mais barato recurso à disposição de todos os seres humanos.

Se você aprender a avaliar seu tempo corretamente, terá tempo suficiente para todas as suas necessidades.

Ensine aos estudantes os motivos básicos pelos quais todas as pessoas são influenciadas e mostre a eles como utilizar esses motivos na aquisição das necessidades e dos luxos da vida.

As pessoas mais felizes são aquelas que aprenderam a unir diversão ao trabalho e a acrescentar entusiasmo à mistura.

Ensine às crianças o que comer, quanto comer, e qual é a relação entre alimentação adequada e uma boa saúde.

Uma mudança de atitude mental muitas vezes ajuda no desenvolvimento da resistência do corpo às doenças.

Ensine às crianças a verdadeira natureza e a função emocional do sexo, e, acima de tudo, ensine-as que ele pode ser transmutado em uma força motriz capaz de elevar a pessoa a grandes realizações.

Se você não tem a total aprovação de sua consciência e de sua razão, é melhor que não faça o que você está considerando fazer.

Ensine as crianças a serem firmes em todas as coisas, começando com a escolha de um propósito importante e sólido na vida!

DIA 315

Firmeza de decisão sempre requer coragem; às vezes, muita coragem.

Ensine aos pequenos a natureza e as possibilidades para o bem e o mal no princípio do hábito, utilizando as experiências cotidianas de crianças e adultos para ilustrar o tema.

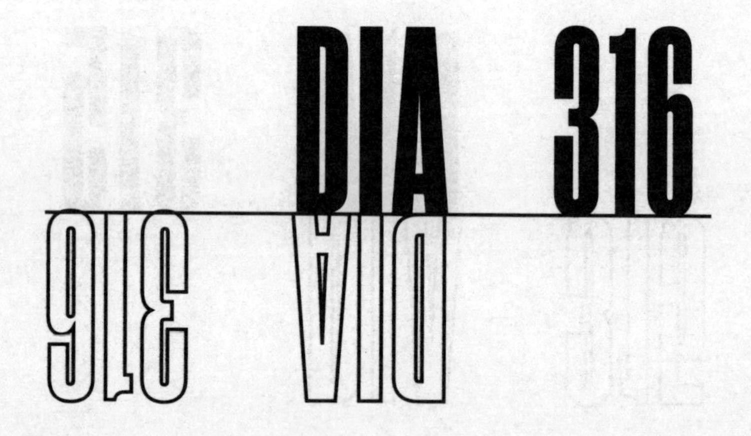

Ajude o barco do seu irmão a chegar até o outro lado, e veja! O seu próprio barco terá chegado à costa.

Ensine às crianças como os hábitos se tornam permanentes por meio da lei do ritmo hipnótico, e as influencie a adotar, enquanto estão no começo da vida, os hábitos que as levarão ao pensamento independente!

Só você tem o poder de fazer isso, e é fácil, se souber que a única diferença entre pessoas felizes e infelizes é a atitude.

Ensine às crianças a diferença entre derrota temporária e fracasso, e mostre a elas como procurar a semente de uma vantagem equivalente que acompanhe todas as circunstâncias de derrota.

Feche a porta de sua mente em relação a todas as falhas e circunstâncias de seu passado, para que ela possa operar em uma Atitude Mental Positiva.

Ensine às crianças que o cérebro humano é o instrumento com o qual se recebe, a partir do grande armazém da natureza, a energia que é especializada em pensamentos firmes; que o cérebro não pensa, mas serve como um instrumento para a interpretação de estímulos que produzem o pensamento.

Se você plantar uma sugestão profundamente, misture-a generosamente com entusiasmo, pois o entusiasmo é o fertilizante que vai assegurar a ela um rápido crescimento.

Ensine às crianças que existe uma lei de retorno cada vez maior que pode e deve ser colocada em funcionamento, por hábito e por meio da prestação de um serviço sempre maior e melhor do que se espera delas.

Boas intenções são inúteis, a menos que sejam expressas em uma ação apropriada.

Ensine às crianças a verdadeira natureza da Regra de Ouro, e, acima de tudo, mostre a elas que, por meio desse princípio, tudo o que elas fazem para o outro, e pelo outro, elas também fazem por e para si mesmas.

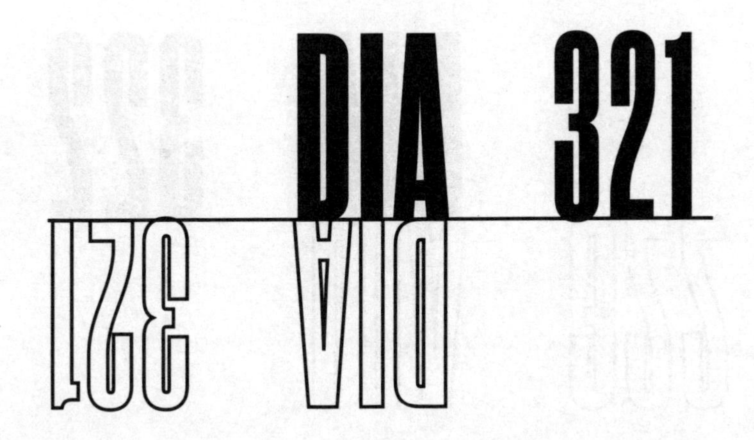

Tudo o que alguém realmente precisa para começar uma carreira de sucesso é uma mente sã, um corpo saudável e um genuíno desejo de ajudar ao máximo o maior número de pessoas possível.

Ensine às crianças a não terem opiniões a menos que sejam formadas a partir de fatos ou de crenças que possam ser razoavelmente aceitos como fatos.

DIA 322

DIA 322

As mentes mais perspicazes são aquelas que foram mais aguçadas por meio de experiência prática.

Ensine as crianças a usarem seu sexto sentido, por meio do qual ideias se apresentam na mente delas a partir de fontes desconhecidas; e ensine-as também a examinar todas essas ideias cuidadosamente.

A imaginação é a oficina da alma, onde todos os planos para a realização individual são moldados.

Ensine às crianças que o espaço que ocupam no mundo é medido definitivamente pela qualidade e quantidade de serviço útil que elas prestam ao mundo.

A soma da qualidade do serviço prestado, com a quantidade de serviço prestado e a atitude mental com a qual ele é prestado equivale à sua recompensa no mundo e ao espaço que você vai ocupar no coração dos outros.

Ensine às crianças que todas as escolas e todos os livros didáticos são implementos elementares que podem ser úteis no desenvolvimento da mente, mas a única escola de valor real é a grande Universidade da Vida, onde a pessoa tem o privilégio de aprender com a experiência.

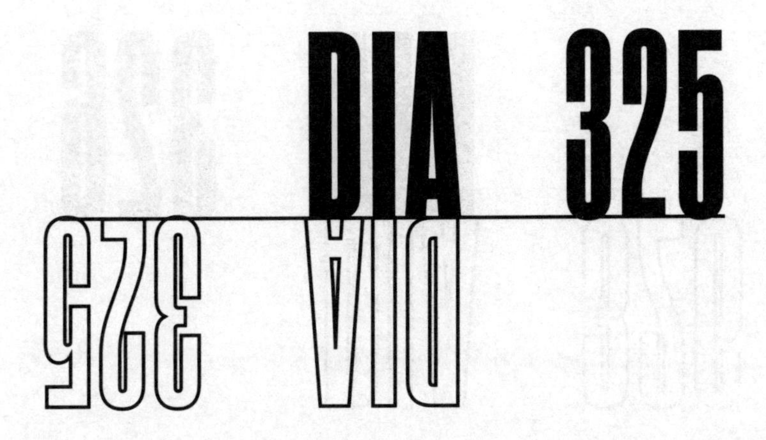

A conquista é o resultado direto de um motivo.

Ensine as crianças a serem verdadeiras consigo mesmas o tempo todo; que elas não podem agradar a todos, e que, portanto, devem fazer um bom trabalho agradando a si mesmas.

Nunca discuta sobre detalhes sem importância. Mesmo que você ganhe, não terá obtido nenhuma vantagem!

Pecado é qualquer coisa que uma pessoa faz ou pensa e que causa a infelicidade de alguém!

Há uma vantagem material em ser agradável com outras pessoas. Você nunca será tão feliz de qualquer outra maneira como quando souber que está fazendo os outros felizes.

Os seres humanos que gozam de boa saúde física e espiritual deveriam estar em paz consigo mesmos e sempre felizes.

Saia da sua zona de conforto para falar uma palavra gentil ou prestar algum serviço útil onde ele não é esperado.

É um pecado permitir que a mente de alguém seja dominada por pensamentos negativos de inveja, ganância, medo, ódio, intolerância, vaidade, autopiedade ou desânimo, porque esses estados mentais levam ao hábito da alienação.

Se você é fisicamente apto, nunca aceite que o mundo não lhe tenha dado uma oportunidade.

É pecado enganar, mentir e roubar, porque esses hábitos destroem o autorrespeito, subjugam a consciência e levam à infelicidade.

Se você não consegue perdoar, não peça para ser perdoado.

É pecado aceitar da vida qualquer coisa indesejada, pois isso indica uma negligência imperdoável do uso da mente.

A fé é o elemento que, quando misturado com a oração, coloca você em comunicação direta com a Inteligência Infinita.

Todos têm o poder potencial de limpar sua mente contra todos os pensamentos negativos e, assim, beneficiar-se do poder da fé.

A fé é um estado de espírito que pode ser criado por afirmação ou por instruções repetidas para o subconsciente, por meio do princípio da autossugestão.

A falta de autodomínio é, por si só, a forma mais destrutiva de indefinição.

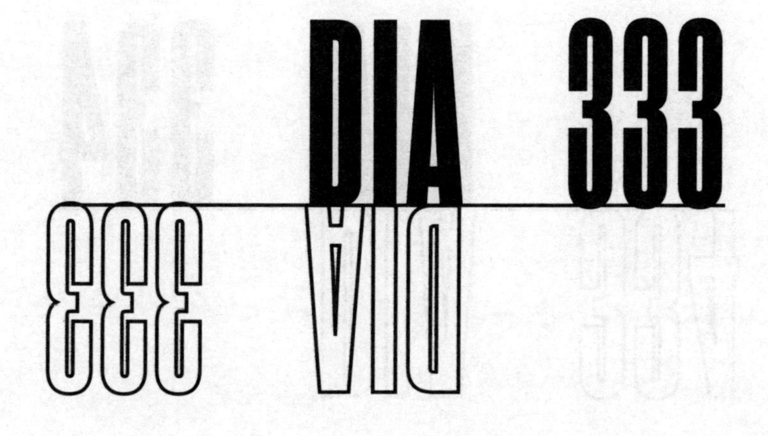

Um pequeno trabalho bem-feito é o primeiro passo em direção a um maior.

Pessoas que comem de forma sensata e mantêm seu sistema intestinal limpo me prejudicam, porque isso geralmente significa um corpo são e um cérebro que funciona corretamente.

Coma bem, pense bem, durma bem e divirta-se, assim você poderá economizar o dinheiro do médico para suas férias.

Se na metade do tempo gasto em busca de sexo os humanos controlassem seus impulsos e os transmutassem em uma força motriz dedicada ao trabalho, eles nunca conheceriam a pobreza.

A sua imaginação se tornará fraca por falta de ação. Ela pode ser revivida e despertada mediante o uso.

Ninguém pode aprender a pensar com precisão sem incluir, como parte do conhecimento necessário, informações sobre o controle da emoção sexual por meio da transmutação.

O entusiasmo é um estado de espírito. Ele inspira ação e é a mais contagiosa de todas as emoções.

O hábito de expressar opiniões mal organizadas é um dos mais destrutivos. O hábito desenvolve uma mentalidade de gafanhoto – que pula de uma coisa para outra, mas nunca completa nada.

Faça o bem ou saia do caminho, mas não invente desculpas!

A pessoa que fala demais informa ao mundo os seus objetivos e planos, e dá aos outros a oportunidade de lucrar com as ideias dela.

Se você não sabe o que quer, não diga que nunca teve uma chance.

Os sábios guardam para si os seus planos e evitam dar palpites que não foram solicitados.

Não se pode esperar que uma pessoa que não se decide prontamente quando tem todos os fatos em mãos vá até fim com suas decisões quando finalmente tomá-las.

Não há nenhum ser humano que esteja vivo, que já viveu ou que ainda viverá, com o direito ou o poder de privar outro ser humano do privilégio inato de pensar de forma livre e independente.

DIA 340

DIA 340

Nenhum indivíduo tem suficiente experiência, educação, habilidade inata e conhecimento para assegurar o acúmulo de uma grande fortuna sem a cooperação de outras pessoas.

Nenhum ser humano adulto jamais perde o direito à liberdade de pensamento, mas a maioria dos humanos perdem os benefícios desse privilégio por negligência, ou porque lhes foi tirado por seus pais ou instrutores religiosos antes da idade da compreensão.

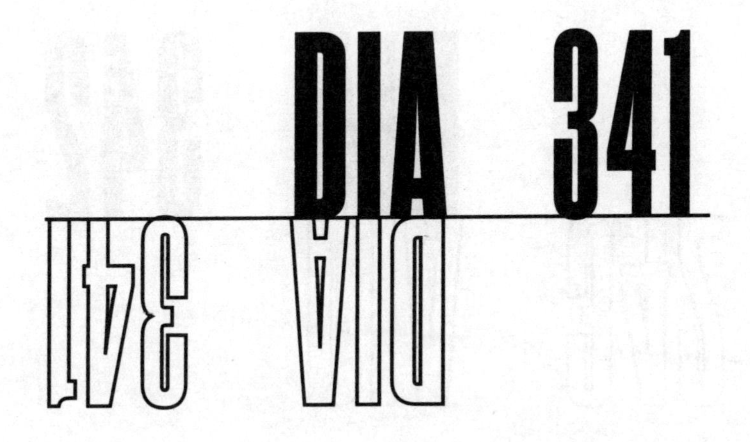

Todos os planos que você adota em seu esforço para acumular riqueza devem ser uma criação conjunta entre você e todos os outros membros do seu grupo Master Mind.

Em geral, o sucesso está apenas a um pequeno passo além do ponto em que se deixa de lutar.

Um desejo intenso irá incitá-lo à realização!

Odeio dizer isso, mas o fracasso muitas vezes serve como uma bênção disfarçada, porque quebra o ritmo hipnótico e liberta a mente para um novo começo.

DIA 343

DIA 343

A verdadeira fé é aplicada continuamente, mas é testada no momento de sua maior necessidade.

A natureza não força as pessoas a falharem. Mas a natureza impõe sua lei de ritmo hipnótico sobre todas as mentes, e, por meio desta lei, permite que se estabeleçam os pensamentos que dominam essas mentes.

Pessoas bem-sucedidas tomam decisões rapidamente, assim que todos os fatos estão presentes, e as modificam muito lentamente, se for necessário. Pessoas malsucedidas tomam decisões lentamente e as modificam várias vezes.

O fracasso é um beco sem saída no caminho do hábito que alguém trilhou. E, quando se chega a esse beco, o fracasso a deixar tal caminho e recomeçar, criando, assim, um novo ritmo.

Se você não puder fazer grandes coisas, lembre-se de que pode fazer pequenas coisas de uma maneira grandiosa.

O fracasso muitas vezes leva um indivíduo a uma compreensão do poder da autodisciplina, sem o qual ninguém poderia voltar atrás depois de ter sido vítima do ritmo hipnótico.

Seja uma pessoa de ação.

Comece do começo, e faça uma coisa de cada vez.

A natureza usa o fracasso para quebrar o ritmo do pensamento negativo, quando um indivíduo se relaciona indevidamente consigo mesmo em sua própria mente.

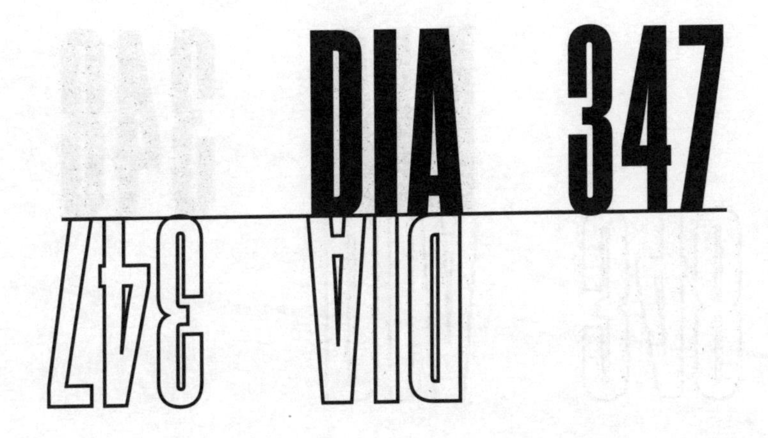

A maioria das doenças começa com uma mente negativa.

Mudar a lei do ritmo hipnótico é tão impossível quanto mudar a lei da gravidade, mas todos podem mudar a si mesmos.

O tempo é um curandeiro maravilhoso. Ele tende a equalizar o bem e o mal e a corrigir os erros do mundo.

O sexto sentido é o órgão do cérebro por meio do qual se recebe todas as informações, todo o conhecimento e todas as impressões de pensamento que não vêm por meio de um ou mais dos cinco sentidos físicos.

Os seus cinco sentidos colocam você em contato com o mundo físico. O seu sexto sentido opera por meio de seu subconsciente e coloca você em contato com as forças invisíveis do universo.

Para que as relações humanas bem-sucedidas durem, elas devem ser formadas entre mentes que naturalmente se harmonizam, muito além da questão de terem interesses comuns como um meio de harmonizá-las.

DIA 350

DIA 350

A aliança Master Mind corresponde a duas ou mais mentes trabalhando juntas em perfeita harmonia para a realização de um objetivo comum e específico.

A adversidade libera as pessoas da vaidade e do egoísmo. Ela desencoraja o individualismo, ao provar que ninguém consegue obter sucesso sem a cooperação dos outros.

Ao formar uma Aliança Master Mind, você pode adquirir e utilizar a experiência, a educação, a influência e o conhecimento de outros para ajudá-lo a alcançar o seu principal objetivo definido.

Novos hábitos oferecem a única saída
para as pessoas que fracassam.

DIA 352

DIA 352

A fé é um estado de espírito que você só pode
alcançar se condicionar sua mente, limpando-a
de todos os pensamentos negativos.

A vida não dá imunidade a ninguém contra a adversidade, mas ela oferece a todos o poder do pensamento positivo, que é suficiente para dominar todas as circunstâncias de adversidade e convertê-las em benefícios.

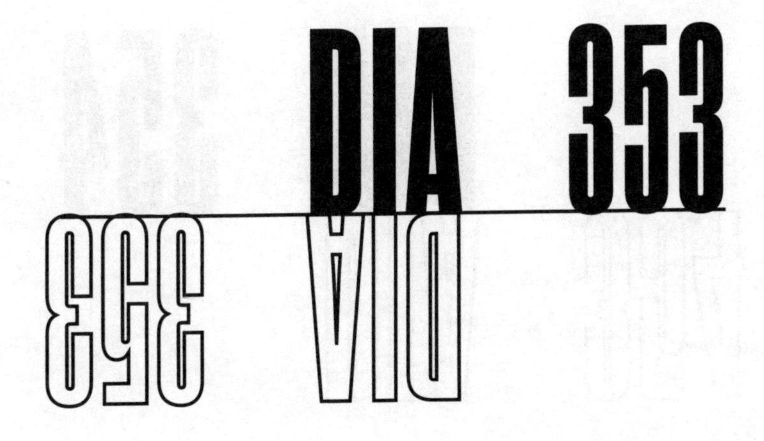

Quando um grupo de mentes individuais são coordenadas e funcionam em harmonia, o aumento de energia criada por meio dessa aliança se torna disponível para cada indivíduo no grupo.

Todas as pessoas absorvem e assumem, consciente ou inconscientemente, os hábitos de pensamento daqueles com quem convivem de perto.

DIA 354

DIA 354

Uma Atitude Mental Positiva traz consigo fé, entusiasmo, iniciativa pessoal, autodisciplina, imaginação e firmeza de propósito, que atraem pessoas e oportunidades benéficas.

Tenha cuidado com todas as forças que inspiram o pensamento, essas são as forças que constituem o ambiente e determinam a natureza do destino de alguém.

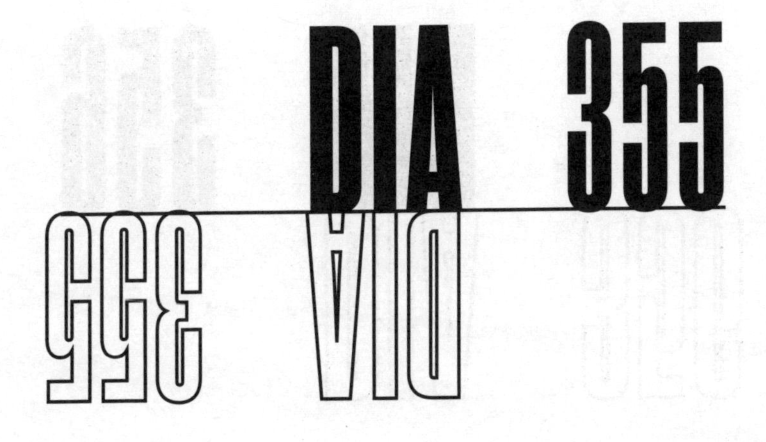

Uma Atitude Mental Negativa carrega consigo o medo, a indecisão, a dúvida, a procrastinação, a irritabilidade e a raiva, que repelem pessoas e afastam as oportunidades favoráveis.

Todo ser humano tem o dever de remover de seu ambiente todas as influências que, mesmo remotamente, tendem a desenvolver hábitos de pensamentos negativos.

DIA 356

DIA 356

Defina claramente para si mesmo o que você quer alcançar na vida. Diga a si mesmo: "Eu posso fazer isso. Eu posso fazer isso agora".

Hábitos de pensamentos negativos controlam o indivíduo e o privam do privilégio da autodeterminação.

O primeiro passo para uma Aliança Master Mind bem-sucedida é se dar bem com você mesmo. Esta é uma aliança da qual você não pode abrir mão.

Todos os desejos negativos não são nada além de frustrações de desejos positivos. Eles são inspirados por alguma forma de derrota, fracasso ou negligência dos seres humanos para se adaptarem às leis da natureza de uma forma positiva.

É a cooperação do consciente com o subconsciente que dá a você a capacidade de contato, de comunicação e de uso do poder da Inteligência Infinita.

Quando o indivíduo não usa o cérebro para a expressão de pensamentos positivos e criativos, a natureza preenche o vazio forçando o órgão a agir com base em pensamentos negativos.

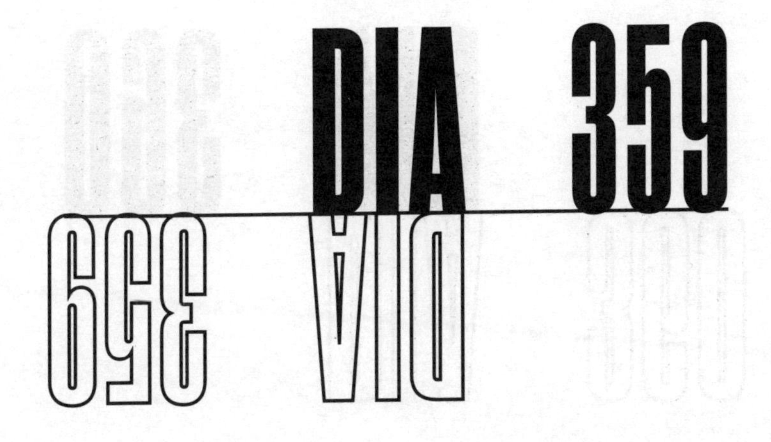

A fé é a arte de acreditar agindo. Ela resulta de ação persistente e não pode coexistir com o medo.

O tempo penaliza o indivíduo por todos os pensamentos negativos e o recompensa por todos os pensamentos positivos, de acordo com a natureza e o propósito dos pensamentos.

Apenas aqueles que têm o hábito de andarem além encontram o fim do arco-íris!

O tempo é a influência sazonal da natureza, embora a experiência humana possa ser amadurecida na forma de sabedoria.

Um grupo de cérebros coordenados em um espírito de harmonia fornece mais energia de pensamento do que um único cérebro, assim como um grupo de baterias elétricas fornece mais energia do que uma única bateria.

As pessoas não nascem com sabedoria, mas nascem com a capacidade de pensar. Elas podem, com o decorrer do tempo, desenvolver o próprio pensamento, até atingirem a sabedoria.

DIA 362

DIA 362

A fé ajuda você a ver seus planos como realidade concretizada, mesmo antes de começar a colocá-los em ação.

A sabedoria é a capacidade de se relacionar com as leis da natureza de modo a fazer com que elas sirvam você. É também a capacidade de se relacionar com outras pessoas a fim de alcançar a cooperação harmoniosa e voluntária delas para te ajudarem a fazer a vida produzir o que você quer.

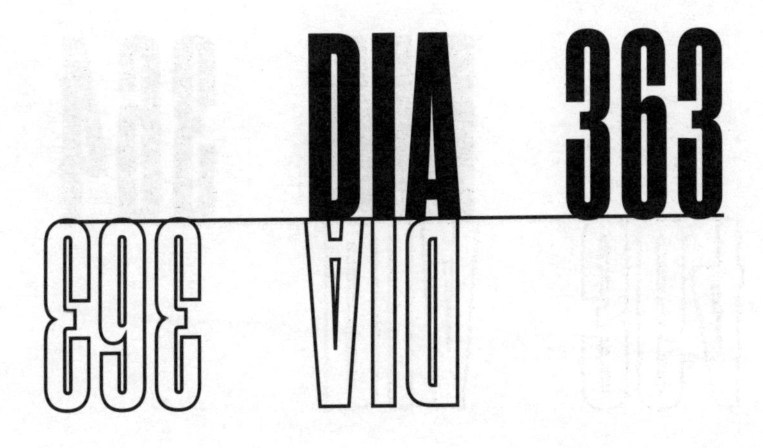

O trabalho em equipe é o espírito de cooperação que permite que os indivíduos de uma equipe se esforcem juntos, temporariamente, para alcançar um objetivo compartilhado.

No campo da mente, há um tempo apropriado para plantar as sementes do pensamento, e há um tempo ideal para colher o fruto desses pensamentos, da mesma forma que, na terra, há um tempo certo para semear e outro para colher.

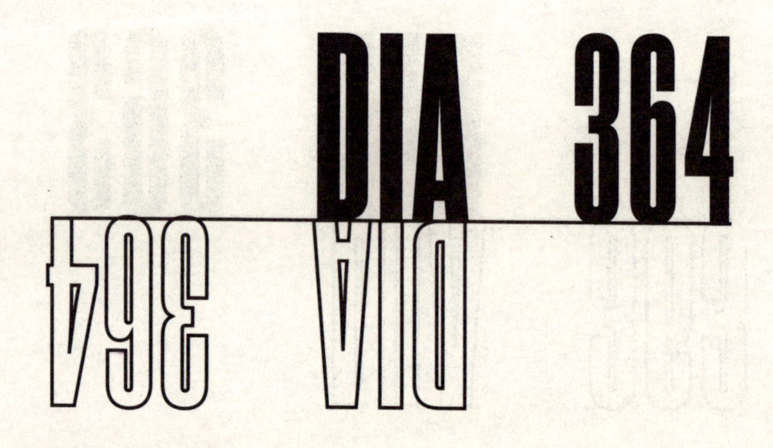

O exercício produz dinamismo físico e mental. Ele limpa a letargia e a monotonia do corpo e da mente.

Os relacionamentos constituem a parte mais importante do ambiente de alguém, e as influências do ambiente determinam se alguém cria o hábito da alienação ou se torna um não alienado.

Até que possamos reconhecer a singularidade de todas as pessoas e a comunhão de toda a humanidade, não estaremos em uma posição de beneficiários do princípio de esforço cooperativo.

Nada contribui mais para o sucesso e para a felicidade de alguém do que relacionamentos cuidadosamente escolhidos. A cautela na seleção de parceiros torna-se, portanto, o dever de cada pessoa que deseja se tornar feliz e bem-sucedida.

Trabalhar em equipe é compartilhar uma parte do que você tem – uma parte boa – com outras pessoas!

LIVROS FUNDAÇÃO NAPOLEON HILL

Fascinante, provocativo e encorajador, *Mais Esperto que o Diabo* mostra como criar a sua própria senda para o sucesso, harmonia e realização em um momento de tantas incertezas e medos. Após ler este livro, você saberá como se proteger das armadilhas do Diabo e será capaz de libertar sua mente de todas as alienações.

Conheça o maior clássico de Napoleon Hill de todos os tempos, com mais de 100 milhões de cópias vendidas no mundo, nesta edição especial, traduzida diretamente do texto original de 1937.

Não tem um dia sequer que eu não reflita e utilize os ensinamentos de Napoleon Hill. Ao ler e aplicar os conceitos de QUEM PENSA ENRIQUECE, você também poderá expandir os seus sonhos e, mais importante, se aproximar deles. – THIAGO NIGRO

O clássico best-seller sobre o sucesso agora anotado e acrescido de exemplos modernos, comprovando que a filosofia da realização pessoal de Napoleon Hill permanece atual e ainda orienta aqueles que são bem-sucedidos. Um livro que vai mudar não só o que você pensa, vai mudar o modo como você pensa.

O manuscrito original – As leis do triunfo e do sucesso de Napoleon Hill ensina o que fazer para ser bem-sucedido na vida. Sucesso é mais do que acumular dinheiro e exige mais do que uma mera vontade de chegar lá. Napoleon Hill explica didaticamente como pensar e agir de modo positivo e eficiente, e como conseguir a ajuda dos outros para a realização de objetivos.

Um clássico de Napoleon Hill que tem mudado milhões de vidas! Sua mente é um talismã secreto. De um lado é dominado pelas letras AMP (Atitude Mental Positiva) e, por outro, pelas letras AMN (Atitude Mental Negativa). Uma atitude positiva irá, naturalmente, atrair sucesso e prosperidade. A atitude negativa vai roubá-lo de tudo que torna a vida digna de ser vivida. Seu sucesso, saúde, felicidade e riqueza dependem de qual lado você irá usar.

Originalmente uma série de palestras de rádio em Missouri, este livro é repleto de insights e histórias pessoais e é escrito em um estilo conversacional acessível. Os insights de Hill se aplicam a todas as facetas da vida, inspirando os leitores a alavancar seus princípios para alcançar suas próprias aspirações e criar as vidas de sucesso com que sempre sonharam.

A mais completa compilação dos escritos de Napoleon Hill sobre persuasão, marketing e técnicas de vendas. Poucas pessoas compreenderam a arte de vender tão bem quanto Napoleon Hill. Ele se tornou uma lenda nos círculos de negócios por criar cursos de vendas capazes de alavancar empresas insolventes até então. A filosofia de sucesso de Hill para vendedores era simples – você, o vendedor, é o ativo mais valioso e precisa se vender primeiro. Apresente a solução de um problema e a venda acontecerá naturalmente.

O Pense e enriqueça original foi escrito de uma perspectiva masculina, numa era em que todos os titãs dos negócios eram homens. Por este e muitos outros motivos, Sharon Lechter – a premiada coautora do best-seller mundial Pai rico, pai pobre, criou Pense e enriqueça para mulheres. Este novo e poderoso livro oferece às mulheres um plano para superar obstáculos, agarrar oportunidades, definir e atingir metas, viver seus sonhos e preencher suas vidas com amor, família, significado e sucesso.

A arte de lidar com pessoas é um livro que une a habilidade com a filosofia nos relacionamentos. Ao colocá-las em prática, encontramos grandes resultados. O leitor perceberá que saber "o quê" é bem diferente de saber "como" através das páginas deste livro e embarcará em uma viagem para aprimorar a sua inteligência interpessoal.

Neste livro, Napoleon Hill relembra as conversas com seu mentor, o magnata Andrew Carnegie, apresenta os conceitos de visão criativa, pensamento organizado e atenção controlada, ensina como cultivar essas qualidades e explica sua importância para a conquista do sucesso. Domine sua mente, pense de modo criativo, organizado e atento, e suas ações o levarão à vitória.

Um clássico inédito de Napoleon Hill no Brasil, o livro é o registro de uma série de conversas entre Napoleon Hill e seu mentor, o magnata do aço Andrew Carnegie, um dos homens mais ricos da história. *Como aumentar o seu próprio salário* foi redigido no formato pergunta-resposta e apresenta em detalhes os princípios que Carnegie utilizou para construir seu império.

O que é Paz de espírito? É liberdade das forças negativas que podem se apoderar de sua mente e de quaisquer atitudes negativas, como preocupação e sentimento de inferioridade; É liberdade de qualquer sentimento de carência; É liberdade de doença mental e física autoinduzida do tipo que degrada a vida de maneira crônica; É liberdade de todos os medos, especialmente dos sete medos básicos; É liberdade da fraqueza humana comum de procurar alguma coisa em troca de nada; É ter alegria de trabalhar e conquistar; É o hábito de ser quem é e pensar com a própria cabeça.

Uma série de artigos inéditos do homem que mais influenciou líderes e empreendedores no mundo. Esses ensaios, que contêm ensinamentos sobre a natureza da prosperidade e como alcançá-la e oferecem insights sobre a popularidade e o estilo envolvente do autor como orador e escritor motivacional, são publicados aqui em forma de livro pela primeira vez.

Saiba como utilizar o poder da persuasão na busca da felicidade e da riqueza. Aprenda mais de 700 condicionadores mentais que vão estimular seus pensamentos criativos e colocá-lo na estrada da riqueza e da felicidade – nos negócios, no amor e em tudo que você faz.

Está faltando um senso de direção? Incapaz de traçar um curso para o sucesso em sua vida? Inquieto se você está ou não seguindo a rota correta para o seu destino? Não há problema caso todas as respostas tenham sido positivas. O problema é não fazer nada diante disso.

Este guia para sua jornada fornece apenas conselhos testados pelo tempo. Napoleon Hill criou um verdadeiro sistema GPS décadas atrás, como outdoors que orientavam seus alunos na estrada para o sucesso. O que era verdade naquela época é verdade agora, e você se beneficiará imediatamente aplicando essas coordenadas de sucesso em sua vida. Quando você tem ciência de "como fazer", fica fácil seguir as placas de sinalização que o levam ao seu destino na hora certa.

Pronto para começar? Napoleon Hill espera por você.

Livros para mudar o mundo. O seu mundo.

Para conhecer os nossos próximos lançamentos e títulos disponíveis, acesse:

www.**citadel**.com.br

/citadeleditora

@citadeleditora

@citadeleditora

Citadel – Grupo Editorial

Para mais informações ou dúvidas sobre a obra, entre em contato conosco por e-mail: